親御さんのための婚活本

わが子の結婚のために親ができること

婚活セミナー講師
大橋清朗

清流出版

はじめに

結婚へ向けて動く気配がないわが子をそのままにしてはいけない

「うちの息子は職場に女性がいなくて、出会いがないんです」
「うちの息子は仕事が忙しくて、女性と出会う時間がないんです」
「うちの娘、出会いがあっても良い男性がいないって、いつも言ってます」

これらは、未婚の子を持つ親向けセミナーに参加した親御さんたちとの会話で出てきた言葉です。私はこれまで未婚の子を持つ親御さん向けのセミナーを、全国で多数行ってきました。結婚しない息子さんや娘さんを心配した親御さんがたくさん参加されます。皆さん、このままでは息子や娘は結婚できないのではないかと不安を抱えています。でも一方で、なんとかなるのではないかという気持ちもあり、結婚まで進まないのは本人に原因があるのではなく、「出会いがない」から、「仕事が忙しい」からだと、本人以外の環境の問題だと考えている部分があります。

では、職場で出会いが増えたら、仕事が暇になったら、わが子は結婚へ進むのでしょうか？　これまで長年、婚活を支援してきた立場から考えると、親御さんの期待には応えられずにほとんどが結婚へ進まないというのが現実だと思います。なぜなら結婚できない原因は、「出会いがない」、「仕事が忙しい」ではないからです。

世間では、職場に異性がいない方もたくさん結婚しています。仕事が忙しくても恋人がいる方もたくさんいます。反対に、異性が周りにいても、時間があっても、独身で恋人がいない人もたくさんいるのです。

私は13年前に、結婚支援のセミナーを行うＮＰＯ法人「花婿《はなむこ》学校」を立ち上げました。

当時も今と同じように、お見合いや出会いパーティーなど出会いの機会はありました。出会いはあっても、その出会いを活かすことができない人たちのために、「どうしたら結婚へ近づけるか」を学んでもらう場を作ろうとしたのです。

これまでたくさんのセミナー受講者の方々に話を聞きましたが、ほとんどの方が職場に異性が多くいるわけではないし、皆さん仕事もそれなりに忙しくされています。それでも結婚された方は、**本人が「結婚を目指す」という強い意志で、自ら出会いの場へ行き、自分を変えないといけない部分を変えていったのです。親御さんから見て結婚へ進んでいないと感じる息子さんや娘さんに、そのような結婚に対する強い意志はほとんどないのではないかと思います。だから、このままでは結婚へ進まないのです。**

このような意志を持たなくても、親の時代まではほぼ全員が結婚へ進んでいました。本人の意志と関係なく、社会全体が結婚へと推し進めていったのです。結婚適齢期までに結婚するのが当たり前の世の中でした。でも、携帯電話やインターネットの登場で世の中が大きく変わったように、ひと世代で結婚に関する状況も大きく変わりました。

誰もが自然に結婚へ進んだ親御さんの時代の感覚で、息子さんや娘さんがいつか結婚するのではと思うことはやめた方がよいでしょう。彼らにいつか結婚への意志が湧き上がってくるのではという期待をしても、あまりかなわないでしょう。今の世の中は、結婚に対して強い意志を駆り立てるものがどんどん無くなっています。結婚しない理由として次のようなことが思い浮かびます。

●結婚していなくても生活にはほとんど困らない

食事は外食、コンビニなどで済む、インターネットや趣味などがあれば独りでも寂しくない、親と同居していたら面倒なことはすべて親がしてくれる。

●独身だとお金と時間をすべて自分のためだけに使える

独身の友だちと旅行や趣味などが共有でき、仕事以外は自分の好きなことに没頭できる。

●離婚した人や、夫婦仲の悪い人が周りにたくさんいる

親や兄弟姉妹や友人などの離婚、同僚や上司が言う結婚生活の愚痴などを聞かされ、結婚にいいイメージを持っていない。

これら以外にも結婚についてのマイナス面を考えるとたくさん出てくるでしょう。あるマスコミの記事には、結婚のデメリットについて「結婚はコストパフォーマンスが悪い」という20代の方の意見が載っていました。

今の時代、結婚するかしないかは本人の自由なのです。こんな世の中で結婚が増えると思いますか？　独身の息子さんや娘さんをそのままにしていれば、この世の中に流されてほとんどが結婚へ進まないのです。未婚率がどんどん高くなるのも当然と言えます。

私は30代で結婚支援をする業界に入り、今40代になりました。婚活をしている世代と同世代です。だから彼らの気持ちはよくわかるつもりです。30代で独身でも周りも独身が多いので、結婚に関して世間は何も言いません。そして、独身の時は、お金と時間をすべて自分のために使えます。お金と健康があれば、独りでも何も困らないのです。それが結婚して子どもができると、お金と時間は自分だけのものではなくなります。

しかし結婚は、失うものもあれば得るものもあります。それは結婚しないとわからないかもしれません。それに気付けないまま、息子さんや娘さんはこのままでいいのかなと思いつつも、「結婚しなくても困らない世の中」で年齢を重ねていきます。でも、この独りでも困らない状況は、ご本人が50代、60代、70代になっても続くのでしょうか？　ご本人もそれでいいと思っているのでしょうか？

どうしても結婚したくないという人は別として、良い人がいれば結婚したいと思っている人は多いはずです。**結婚が増えない世の中で、息子さんや娘さんの背中を押してあげるのは、一番身近な親しかいないと思います。親がわが子に結婚して欲しいかどうかです。** 30代40代では、自分が年老いた時のことなど全く考えていないものです。

想像できないのです。年老いた時に本当に独りでも良いのかどうか、年老いた親だからこそ人生の先輩として助言できるのだと思います。

近年の婚活ブームで、民間の結婚相談所などの業者は急増しました。少子化問題で、全国ほとんどの県や多くの自治体が婚活支援に乗り出しています。出会いは、探せばたくさんあるのです。あとは、ご本人の結婚への強い意志があれば結婚へ近づきます。

厳しい条件の方でも、今日、日本のどこかで結婚しています。親御さんができた「結婚」が、お子さんにできないわけがありません。**わが子に本当に結婚して欲しくて、ご本人にその気があるのなら、親ができることをすべてやっていきましょう。**

この本には、私がこれまでの結婚支援の活動で聞いた、全国の親御さんたちがどうやってわが子に向き合ってきたかの具体例が書かれています。個々の家庭の事情や親子関係に違いがあり、どれだけ参考になるかはわかりませんが、本気の親は本気で子どもたちに向き合っています。大人になった息子さん、娘さんを動かすことは大変苦労されると思いますが、ぜひわが子のために一歩を踏み出されることを願っております。

「わが子の結婚のために親ができること～親御さんのための婚活本」

目次

2章 わが子が結婚へ進まない原因

3章 わが子を結婚に近づけるための親の心構え

4章 親の具体的婚活方法

5章

「親の代理お見合い」って何？

6章

親が教えるわが子の婚活力アップ

1章

何もしなければ
結婚へ進まない時代

結婚が当たり前の時代ではなくなった

親御さんの世代（60代から80代）は10代、20代で約9割が結婚しました。親世代は、ある年齢になれば自然と結婚へ進むのが当たり前の時代だったのです。自分たちが20代までに結婚したのだから、当然わが子も自然と結婚へ進むものだと思っていたら、**今は30歳までに結婚している人は約5割しかいません。子どもたちの半数は一度も結婚しないまま30代になるのです。**

わが子が30歳になって中学校などの同窓会やクラス会に参加したとします。同級生の約半分はまだ一度も結婚していません。結婚したけれどすでに離婚した人も合わせると独身者はさらに増えます。これなら本人が独り者で肩身の狭い思いをしたり、結婚に焦ったりするはずもありません。むしろ、結婚して子育てで苦労している友人や

平成22年国勢調査に見る、年齢別未婚率

年齢	男女総数(人)	未婚者(人)	不詳(人)	未婚率(%)
29歳	1494147	783071	40832	53.9%
30歳	1561305	736908	40961	48.5%
31歳	1600983	687507	39322	44.0%
35歳	1880293	602433	39685	32.7%
40歳	1874292	463976	37908	25.3%

「平成22年国勢調査人口等基本集計」（総務省統計局）をもとに算出。男女総数から、「不詳」数を除き、未婚率を算出した。

結婚に失敗して離婚した友人を見ると、独身の気楽さを実感するでしょう。

私は仕事柄、この道30年程のベテランの仲人さんたちとお話しすることがあります。30年前は20代でお見合いする方がまだたくさんいましたが、今はほとんどいなくなり、30代後半や40代が主流になっています。しかも、お見合いをしてもなかなか結婚に至らないばかりか、会ってすぐに断るケースが増えています。この業界の者から言わせると、親世代の20代までに約9割が結婚した時代は、今では「奇跡の時代」と言えるでしょう。ほぼ全員が20代までに結婚できたのです。おそらくそういう時代は二度と来ないと思います。

男性だけでなく、女性も高学歴の人が増え、多くが四大卒で、社会に出る年齢が高くなると婚期が遅くなってしまうのは当然のことです。仕事に慣れ、お金も自由に使えるようになり人生を楽しく過ごせるようになったと思ったら、もう30歳に近づいてきます。20代で長く付き合った恋人がいたり、早く子どもを望むのなら、結婚というタイミングがあるかもしれませんが、そうでないのなら自然と独身のまま30歳を迎えることになるでしょう。**30歳で約5割が結婚していないのは、本人の問題というより、社会的な構造の変化によるものと言えます。**

未婚者の8〜9割は、結婚を希望している

結婚するのが当たり前の時代ではなくなり、結婚するのは個人の問題、結婚するかしないかが自由になると、人生の選択肢として「結婚しない」と考える人は増えていきます。結婚していなくても困らない風潮が広がるとなおさらです。30歳で半数が一度も結婚していないのは、結婚しない選択肢を多くの方が選んでいるからと思えますが、実際はそうではないようです。

マスコミや自治体、国が未婚者に対して様々な調査を行っています。その中に、「将来結婚する気はありますか?」といった質問があり、各調査で多少の誤差はありますが、約8〜9割の未婚者が「いずれは結婚しようと考えている」と答えています。「一生結婚しない」と決めている未婚者は、親世代に比べて増えてはいますが、まだまだ

ほとんどの未婚者が「いつかは結婚するだろう」と考えているのです。

わが子が「いつかは結婚するだろう」と考えているのだから、親御さんたちも同じように考えているはずです。今の時代は「晩婚」化が進んでいるから結婚が遅くなっただけで、「いつかわが子に出会いがあったら自然と結婚へ進むだろう」といった感じでしょう。

しかし、「出会い」があったらそのうち「結婚」に至るというのは「大間違い」なのです。

30歳を超えたら結婚することが難しくなることを、「本人」も「親」も全く認識していないのです。

今、未婚者はどれくらいが結婚しているのか

私はこれまで婚活セミナー講師を長年務めてきました。出会いの場を活かしきれない独身者に、「どうしたら結婚へ進めるのか」というノウハウを一緒に考え、伝えてきました。婚活ブームが起こり、全国で私のような婚活セミナー講師が増えてきました。婚活の本質をあまり知らない講師や業者、団体主催者の方は、結婚するためには「コミュニケーション能力アップ」が必要だと考えます。私も最初はそのように考えましたが、たくさんの未婚者と接するうちに、**「コミュニケーション能力アップ」よりも大事なものがあるとわかってきました。**

私は途中からセミナーの方針を変えて、セミナーの中でまずご本人に**今の世の中でどれだけの人が結婚できているのかを知ることが大事だと伝えています。結婚が目**

標なら、その目標にどれだけの人が到達できているのかを知る、その達成率を知って、自分のこれからの方向性や対策を考える。これまでの人生で経験した受験や資格試験では当たり前のことです。でも、恋愛や結婚ではそんなこと誰も考えません。親御さんたちのほとんどが自然に結婚できたからなおさらです。

未婚者のどれくらいが結婚しているかは、5年に1回の国勢調査のデータで推測できます。国勢調査は全国で日本に在住している人に対して様々な調査を行います。その中に配偶関係を答える箇所があり、「未婚」、「有配偶者」、「死別」、「離別」をチェックするのです。未婚者の定義は、今まで一度も結婚していない人のことであり、その方は「未婚」の欄にチェックすることになります。離婚経験者は独身者ではあっても未婚者には該当しません。「未婚」の方が、5年間で結婚したら次回の国勢調査では「未婚」にチェックすることはありません。一方、5年経っても結婚していない方は、また「未婚」にチェックすることになります。「未婚」であった同じ年齢の人たちが、5年後どれだけ「未婚」になるか、この差で何人結婚したかが推測できるのです。

このデータから何歳の方がどれくらい結婚しているかが計算できます。20代、30代、40代と年齢が上がるごとに結婚できる確率は下がっていきます。50歳あたりになると「生涯未婚」として、ほとんどが結婚できないと認識されます。では、先ほどの30歳までで一度も結婚していない未婚者は、今後の人生でどれくらいが結婚するでしょうか？

30歳のクラス会で半分が未婚者ですが、このうち10人いたら何人が今後結婚するでしょうか？　その中には息子さんや娘さんが入っています。もし10人中9人が残りの人生で結婚するなら、わが子もいつか結婚することになるので、親御さんは全く心配しなくてもよいと思います。セミナーではこの数を参加者に考えてもらうのですが、正解をお伝えします。

近年の国勢調査の未婚者数の数値の推移から計算して推測するに、**今、全国の30歳の未婚者が、今後の人生で結婚できるのは、10人中3人です。**地域差はありますが、全国平均で一度も結婚しないで30歳を超えると約7割は一生結婚できないのです。このようなことを、本人も親御さんも全く知りません。「出会いがあればいつでも結婚できる」と皆が考えているでしょう。私はこのデータを知った時、7割もできないのかと、信じられませんでした。私も30歳の時は、「出会いがあれば」いつでも結婚できると思っていましたから。

しかし、これまでたくさんの未婚者が婚活で苦労するのを見ていると、このデータは調査結果ですが、現実社会と重なっていると感じます。婚活業界に長年いる方なら、きっと同じ考えだと思います。

この結婚できる確率をある男性向け婚活セミナーで参加者に考えてもらった時に、参加者の中から「10人中1人では」という声が聞こえてきました。その声には少し笑い声が混じっています。それを聞いて、どれだけ危機感がないのだろうと感じました。自分たちのことではなく、まるで他人事と思っているようです。そんな人たちにはもっと厳しい話をします。一度も結婚しないで30歳を超えた方の今後結婚できる確率は約3割なのですが、この結婚できる方たちには30歳の時点で結婚はしていないが恋人が

独身男性向けの婚活セミナーでの筆者。未婚化問題解消のために幅広く活動をしている。

いて、30歳前半で結婚された方も含まれています。国の調査によると、未婚者の約2割から3割は、恋人がいるようです。ということは、30歳の時点でもう何年も恋人がいなかった方は、彼らの予想通り「10人中1人」の確率に近いかもしれません。こんなに結婚できていないことを未婚者のほとんどが知らない社会では、今後も未婚化は続いていくでしょう。本人たちは全く焦っていません。きっと最新の2015年国勢調査の結果はさらに悪くなっていると思います。

しかし、データは厳しくても、それが

すべてではありません。30歳を超えた未婚者の約7割が結婚できないのはデータがそうだというだけであって、世の中の結婚できる人の割合が決まっているわけではなく、これから全員が本気で結婚を目指したら、いくらでも数字は変えられます。条件が悪い人もコミュニケーションが苦手な人も結婚している世の中です。**結局、本人が本気を出して結婚を目指せるかどうかにかかっています。**本人たちが本気で結婚に至る努力をするためには、このようなデータで現実を知ってもらい、自分が将来結婚に向けてどうするのかを今考えてもらわないといけません。ぜひ身近にいる親御さんからこの現実の厳しさを伝えていただきたいのです。

わが子の50歳以降はどうなる

結婚へ向けて動く気配のない息子さんや娘さんを本気にさせるのは簡単ではありません。いま結婚していなくても全く困らない世の中で、30代以降の結婚が難しいということを知らない彼らには、結婚を本気で考えるきっかけがないのです。そして結婚しないまま、30代や40代という貴重な時があっという間に過ぎていきます。

たとえ、何かのきっかけで結婚を目指して動き出しても、ご本人が考える以上に婚活は難しいです。これまでの自由な独身生活を捨てて、残りの人生のパートナーを探しているのだから、当然相手に求める条件などは高くなります。外見、性格、年齢、経済力、学力、家族、ライフスタイルなど、誰もが望んでいるレベル以上の相手でないと、独身生活を捨てる意味が見いだせないかもしれません。20代ならそんな条件を満たす独身者もまだたくさんいたかもしれませんが、30代、40代になるにつれて、そのような条件の相手はどんどん少なくなってきます。ライバルたちも同じことを考えるので、人気のある異性はどんどん結婚していくからです。

よく40代の方が婚活の現場で、「良い異性がなかなかいません」という発言をされます。人気のある異性は20代や30代までにすでに誰かとパートナーを組んでいます。まだ結婚していない者同士で、パートナーを組まないと結婚できないのです。理想の異性でないと恋愛や結婚する意味がないと思い、出会いを先延ばしにすると、未婚のままますぐに50歳になってしまいます。息子さんや娘さんが50歳になった時、親御さんは何歳になっているでしょうか。

未婚のまま50歳あたりになると「生涯未婚」として認識され、国の調査上はもうこの人は一生結婚しないだろうと考えられます。それだけ、一度も結婚したことがない未婚者は50歳を超えたらほとんど結婚していないのです。この人たちの割合を「生涯未婚率」といいます。

今から35年ほど前の1980年では、男性の生涯未婚率は2・6%でした。今85歳の男性は約97%が一度は結婚していることになります。ほぼ全員が結婚している、まさに奇跡の時代です。これが2010年の調査では、男性で20・1%になっています。2010年に50歳の方が同窓会やクラス会をすると、5人に1人の男性が一度も結婚していないということです。結婚に関して世の中は、たった30年でこんなに変わってしまったのです。

この生涯未婚率は、今の20代や30代の未婚者が50歳になった時、どう変わっているでしょうか。彼らが今どれだけ結婚しているか、その確率はわかりますので、だいたいの予想はできます。将来、男性の生涯未婚率は約30%位、女性も20%近くになると言われています。今の「5人に1人」から、将来「3人に1人」の方が生涯一度も結婚していないことになるのです。

50歳の時点で一度も結婚していなくても、ご本人や周りの人も別に何も困りません。それは多くの人がまだ健康で、普通に働けるからです。では、60代、70代、80代になっ

生涯未婚率の推移（将来推計含む）

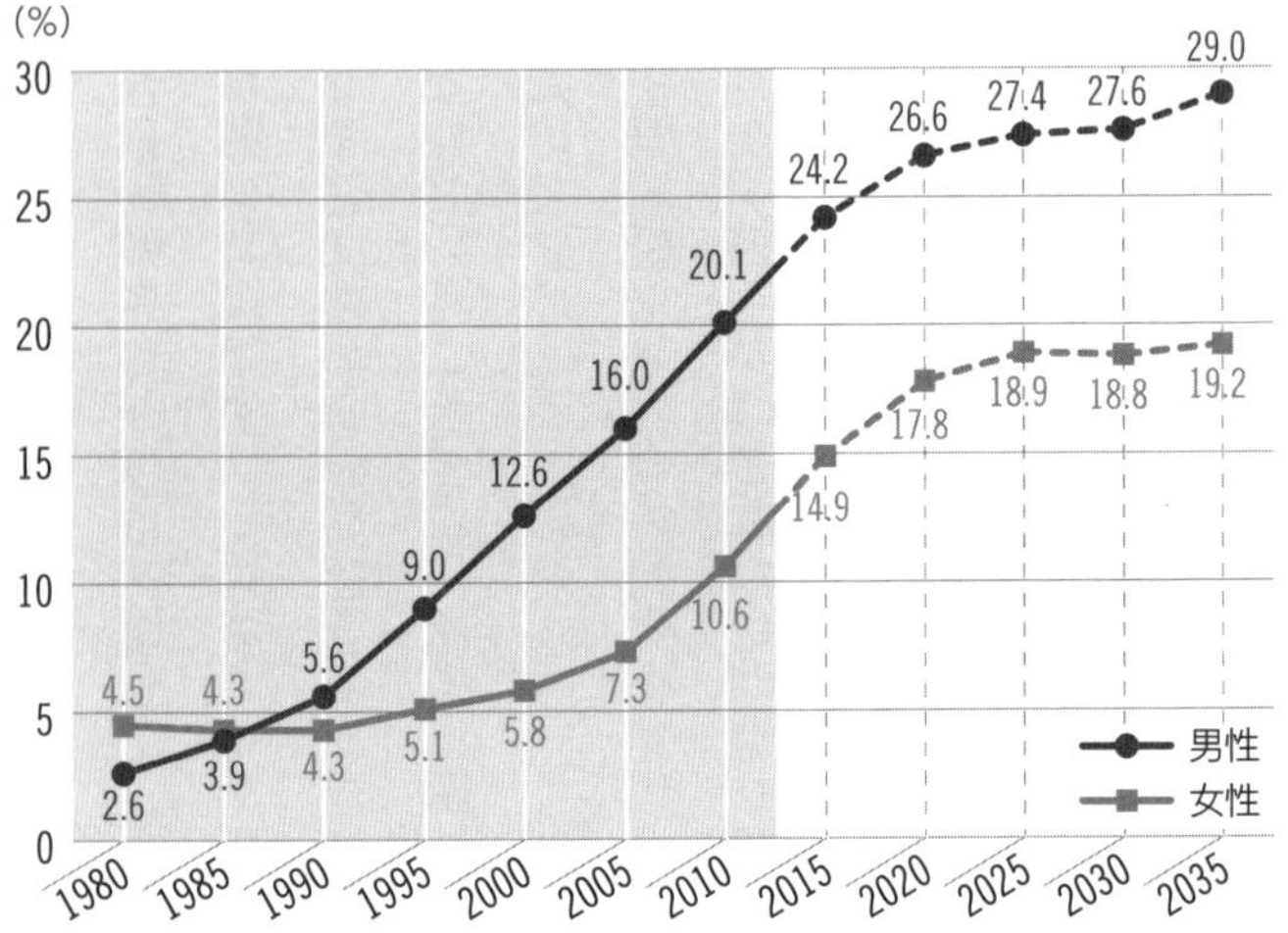

資料：平成27年厚生労働白書より、国立社会保障・人口問題研究所「日本の世帯数の将来推計（全国推計2013年1月推計）」、「人口統計資料集（2015年版）」

注：生涯未婚率は、50歳時点で一度も結婚をしたことのない人の割合であり、2010年までは「人口統計資料集（2015年版）」、2015年以降は「日本の世帯数の将来推計」より、45～49歳の未婚率と50～54歳の未婚率の平均。

たらどうなるでしょうか。

息子さんや娘さんが、近い将来そうなるかもしれないことについて、親御さんはどのように考えられますか？

未婚のまま結婚しない女性は、同じ環境の友人を作り、歳をとっても仲良く一緒に旅行をしたりするグループがマスコミで紹介されることがあります。最後は一緒のお墓に入ることまで考えているようです。これはそれぞれの人生の選択なので良いとも悪いとも言えません。でも結婚しない方たちが、みんなこんなグループを作れるのでしょうか。男性の場合はほとんどが社会と距離を置いて、家族がいない独居老人になるのではと思います。本人の意志を尊重することは大事ですが、本当に結婚しなかったことをご本人が望んでいたことなのか、親御さんの気持ちはどうだったのかを考えてしまいます。

1章の POINT

- 社会的な構造の変化により、婚期が遅くなった
- 今の時代、30歳までに結婚している人は5割
- 結婚するのが当たり前の時代ではなくなった
- 未婚者の8～9割が「結婚したい」と思っている
- 「いつかは結婚するだろう」では結婚できない！

2章

わが子が
結婚へ進まない原因

社会環境の変化により結婚が難しくなった

どうして結婚することがこんなに難しくなったのでしょうか。未婚化晩婚化の原因は一つだけでなく、様々な要因が考えられると思います。20代までに約9割が結婚した親世代（団塊世代）は、結婚適齢期になると本人も周りも結婚への意識が高まり、みんなが自然と結婚するのが当たり前の社会だったのかもしれません。結婚に至ったケースとして例えば、学生時代から付き合っていた二人が就職して社会人となり、20代前半で結婚、女性は寿退社で専業主婦になり、数年後に子どもができる。他には、同じ会社の先輩後輩、上司の紹介でお見合い、友人の紹介で出会うなど、20代までに相手を見つけ、みんなが結婚していったのです。この20代までに社会全体が結婚へ導く雰囲気がとても重要でした。みんなが「結婚をしなければ」という意識が高まり、結婚することが難しくなる30代以降での独身の状態を回避することができたのです。

団塊世代が結婚してたくさんの子どもたちが生まれた第2次ベビーブームは今から40年程前です。この40年で社会が変わっていき、「20代で結婚しなければ」という雰囲気は薄れ、未婚率はどんどん上がっていきました。この40年間の社会環境の変化には他にも様々なことがあります。大学進学率が高くなり、社会に出る年齢が高くなった。男女雇用機会均等法で、女性も男性と同じように働ける環境が広がってきた。非正規雇用が増えたりして、同世代間の年収格差が広がってきた。未婚者が増えることにより、20代で結婚していないことが一般化され、結婚はいつの間にか個人の自由になっていきます。

女性は結婚相手にある程度の経済力を求めます。年齢にもよりますが、男性は年収400万円以上でないと婚活では多くの女性が選んでくれません。30代以上の正社員で働いている女性は、年収がけっこう高く、男性以上に稼いでいる方もいます。一生のパートナーを選ぶ婚活で、自分の年収より低い男性を選ぶ人は少ないです。やはり自分より収入や能力があって頼りがいのある男性を選びたくなるのが普通でしょう。また、女性は出産をすると一時的に仕事を中断せざるを得なくなり、自分が働けなくなった時のことを考えます。そうすると、自分の年収の倍以上を結婚相手には稼いでもらい、今までの生活レベルを維持したいと思います。

婚活の出会いのシステムには、相手の年収がわかるものがあります。代表的なのは結婚相談所の「お見合い」です。たくさんの異性の登録者の中からお見合いをしたい相手を選びます。女性が相手男性のデータで特に気にするのが年収です。年収800万円の人や年収400万円の人など同年齢でも様々です。同じ年齢の男性で年収が高い人と低い人が比べられます。当然ながら高い男性に人気が集中したりするのです。

あるベテランの仲人さんが、昔は正社員が当たり前で、年齢が同じなら会社が違っても年収はあまり変わらなかったと話していました。親たちの団塊世代は日本の高度成長期で、年功序列賃金により年収で差はあまりでなかったのかもしれません。でも社会が変わり、団塊ジュニアの世代は、正社員と非正規雇用に分かれ、年収も格差が広がってきました。結婚が進まないのも当然だと思います。

では、経済力がないと結婚できないのかといえば、そうではありません。世の中、フリーターの男性でも結婚している場合があり、年収1000万円以上の男性で結婚していない方もたくさんいます。経済力のある男性は結婚相手として女性から選ばれやすいですが、必ずできるということではありません。未婚化の世の中でも20代までに約半数は結婚しています。この半数の方々は年収が高いから結婚できたのではありません。20代までに異性との恋愛をしてきたから、その延長上で結婚に至ったのです。

これが社会環境の変化の一つ、「恋愛格差」の広がりです。

社会環境としては、今の40代の人たちが青春を謳歌していた時代から少しずつ、恋愛がオープンになってきたのではないかと思います。10代からおしゃれをしたり、異性に「モテる」か「モテない」かがとても重要な要素になる風潮が広がっていきました。

そうすると、同級生の中にも異性との恋愛が活発な人と恋愛に無関心な人との「恋愛格差」が広がってくるのです。10代から恋愛をしてきた方は、20代になってもそれなりに恋愛をしていき、あるタイミングで結婚することになります。それが20代までに結婚した半数の方々です。息子さんや娘さんがまだ結婚していない原因は、20代までの恋愛経験があったかどうかという点も大きいと思います。**婚活の現場でなかなか結婚へ進まない人の特徴のひとつに、これまでの恋愛経験の少なさがあります。**異性との会話やお付き合いを、当然ながら婚活でもやらなければなりません。ですが、今まで経験してこなかったことを、30代40代になってやろうとしてもなかなかうまくいかないという声をよく聞きます。

出会いをつなぐ人がいなくなった

結婚が親の時代より難しくなった原因としてよく話題になるのが、「近所の世話焼きの人」がいなくなったということです。ひと世代で、お見合いをする仲人さんが周りからいつの間にかいなくなりました。これは時代の変化とともに、お見合いという出会いのシステムが少なくなっていき、恋愛結婚が増えていったことと、仲人業がビジネスになっていったことがあると思います。結婚相談所というビジネスは「お見合い料」や「成婚料」という料金が発生するので、世話焼きの仲人さんにもそんなイメージがつき、気軽に出会い仲介をお願いする人が少なくなったのかもしれません。

かつて「近所の世話焼き」だったベテランの仲人さんのお話によると、昔はビジネスではなかったが、結婚が決まれば御礼としてお金をいただいていたので今の結婚相談所と変わらなかったとのことです。昔と大きく違うのは、この家の息子さんとこの家の娘さんならうまくいくと思い、話を進めると昔は簡単に結婚に進んでいたが、今は会わせても全然決まらないようです。性格や条件などが少しでも希望と違うと、今は簡単に断ってきて、なかなか結婚が決まらないという話でした。

親の時代の出会いをつないでいた人で、その役割がなくなったのが、勤務先の上司です。20代までに約9割が結婚した親の時代は、その多くが勤務先の社内結婚や上司の紹介によって決まりました。上司が結婚式の仲人役を務めるのが一般的だった時代です。これもいつの間にかなくなってしまいました。社会人になると勤務時間が生活の大部分を占めることになります。そこでの異性との出会い、紹介があれば、恋愛や結婚に進みやすいはずです。しかし、会社での社員間のコミュニケーションの場は少なくなり、上司が部下たちの結婚を心配することがセクハラやパワハラだと問題になってくると、余計なことはしなくなっていきます。社会の家族形態が大家族から核家族に変化する中で、親戚づきあいが減っていくと世話焼きの親戚が出会いをつないでくれることもなくなっていきます。

このように、近所の世話焼きの人、勤務先の上司、親戚の人など、昔は出会いをつないでくれた方が、その役割をしなくなっていきました。自由恋愛が進んだ今、自分で出会いを求めて行動できる人は、この方々のお世話がなくても恋愛や結婚に進みます。問題は、自分で積極的に出会いを求めて行動しない人たちです。もし今の30代以降の積極的に動かない未婚者の方々が、親御さんの時代に生まれていれば、前述した周りの人たちが出会いをつないでくれたでしょう。でも今は、自分で出会いを求めていかないと周りは何もしてくれないのです。

息子さんや娘さんに対して、今まで周りの人たちが相手を紹介してくれたでしょうか？　もし紹介があったのに結婚まで進まなかったのなら、今後も結婚にはあまり期待できません。**周りが積極的に動いてくれないのなら、親御さんが動くしかないのです。**

出会いを避ける未婚者たち

未婚者の約8～9割が結婚を望んでいます。息子さんや娘さんもきっと結婚を望んでいるはずで、「結婚しない」とまでは言っていないでしょう。では、なぜ積極的に出会いの場に行かないのでしょうか？　結婚するためには異性とまず出会わないといけません。結婚の話をすれば、「職場に出会いがない」、「仕事が忙しくてそんな時間はとれない」という言葉が返ってきて、親御さんとケンカになったりします。たしかに30代40代は忙しいかもしれませんが、忙しくても恋愛している方はたくさんいるのです。

以前、親向けセミナーで親御さんから質問がありました。「どうしてうちの息子は出会いを求めて動かないのか、何を考えているかわからない」という内容です。私がこれまでたくさんの未婚者に会ってきて思うことは、おそらく息子さんは出会いの場に行くのに抵抗感があるのです。10代から異性とコミュニケーションすることが好きで、恋愛もそれなりにしてきた方たちの多くは20代までに結婚していきました。一方、30代以降の未婚者の方の多くがこれまで恋愛経験が少ないということはいろいろな調査でも表れています。

わが子のこれまでの恋愛経験が多かったか少なかったかは、身近にいる親御さんはなんとなくわかると思います。恋愛経験が少ない、又はないということは、異性にあまり関心がなかったり、コミュニケーションがうまくいかなかった経験から異性を避けてきたということでしょう。異性に関心があれば、親御さんが心配しなくても勝手に動いていきます。出会いがないと結婚はできません。それはわかっているのですが、抵抗感があるのです。出会いの場に行って、もしかするとうまくいかないかもしれません。わざわざ積極的に失敗しに行きたくない気持ちもわかります。又は何もしない今のままで、何か出会いが自分のもとに飛び込んでくるのではないか、というような期待があったり、何とかなるのではと思われているのかもしれません。**しかし、これは単に問題を先送りしているだけであって、結婚には全く進んでおらず、むしろ年齢が高くなる分、結婚から後退していることに気づいてもらわないといけないのです。**

問題から逃げていても何も解決しないことを、人生の先輩である親御さんからぜひ伝えていただきたいです。私の婚活セミナーに来られる未婚者の方は、問題から逃げずに立ち向かおうとしています。皆さん、異性とのコミュニケーションには自信がない方ばかりです。でも逃げていては何も解決しないので、どうしたらよいかを自分で調べ、私のセミナーにたどり着いたのです。異性とのコミュニケーションは実践していかないとうまくなりません。出会いイベントやお見合いを重ねて、少しずつ経験値が上がっていきます。

婚活の場に来られる方は皆さん、異性とのコミュニケーションに自信がある方ばかりではないです。日頃から異性との出会いの場をたくさん持てる方は、わざわざお金をかけて婚活の場に来る必要がないからです。よって婚活の出会いの場に来られる方は、日常で出会いがなく、異性とのコミュニケーションもあまりしてこなかった方が多くなります。ぜひ親御さんから息子さんや娘さんに、逃げずに出会いの場に行ってみることをやさしくすすめていただきたいと思っています。

出会いパーティーなど、いろんな婚活イベントがある。結婚へ近づくためには、出会いの場へ行くことが第一歩。

結婚するかしないかが自由な社会

親の時代と違い、結婚が増えない一番大きな原因は、「結婚するかしないかは本人の自由」になってしまったことにあると私は思います。親の時代は結婚が個人の自由であっても、結婚適齢期になれば本人に周りがプレッシャーを与える雰囲気が社会にあり、本人も結婚して当然と考えていたと思います。進学、就職、結婚とみんな同じ時期に同じようなライフスタイルが自然と作られていたのでしょう。それがいつの間にか結婚は完全に個人の自由となり、社会的プレッシャーもなくなり、結婚しないという選択肢も当たり前になってきています。

親世代は20代までに9割が結婚したのだから、結婚していない方たちは、周りからいろいろと言われたかもしれません。今は、ライフスタイルが多様化し、結婚していなくても仕事や趣味に打ち込める環境で、快適に過ごせる社会になりました。

20代までに結婚した友人たちの中には、早々と離婚した人もいるかもしれません。既婚者の先輩たちは家庭があるため、毎月わずかな小遣い制で自由に趣味もできない。仕事のキャリアアップをあきらめて主婦となり子どもを産んだ友人は、自分の時間が全く取れず日々子育てに翻弄されて、ストレスがたまっている。

このように、すでに結婚した人たちからは結婚生活の悪い面ばかり聞かされており、結婚に対して夢が持てない。結婚すると今まで自分一人で使っていた時間とお金を、家族のために使わなければならなくなります。良い出会いがないのなら、このまま独身のままでもいいかもと考える未婚者が増えてきて当然です。**出会いに動かない未婚者たちには、このまま結婚しないでいる自由もあるのです。**こんな社会に流されてしまったら、息子さんや娘さんが結婚に積極的に動かないのも仕方がないと親御さんは思うのではないでしょうか。**だからこそ、親御さんがわが子を結婚へ導かないといけないのです。このまま何もしなかったらわが子は結婚にたどり着けません。**

未婚化の要因「親との同居」

親にとってわが子は何歳になってもかわいい存在です。日常いろいろと世話を焼いてあげているので、きっと結婚に対しても協力は惜しまないと思います。**ただ、このいくつになっても子どもにとって快適である状態が結婚に進むための足かせとなっています。**

この本を読まれている親御さんの多くが、社会人になっても未婚の子どもと同居されているのではないでしょうか。学生時代も親と同居、社会人になってもそのままの状態が続いているケースが多いようです。全国の未婚者の約7〜8割は社会人になっても親と同居しているという調査結果があります。同居していると大きなメリットがあります。生活面と経済面で全く困らない環境が用意されているのです。実家から学

就業の状況別に見た、親と同居する未婚者の割合

●男性

単位：%

就業の状況	1982年	1987年	1992年	1997年	2002年	2005年	2010年
総数（18～34歳）	**69.6**	**70.4**	**62.8**	**65.5**	**69.5**	**70.3**	**69.7**
正規職員	71.1	69.8	67.4	64.8	72.3	66.9	66.7
自営・家族従業等	88.7	88.5	85.1	81.8	79.1	81.4	81.7
派遣・嘱託	—	—	—	—	67.1	75.3	73.3
パート・アルバイト	64.6	77.9	71.6	75.3	80.1	80.0	83.7
無職・家事	82.8	87.6	90.8	86.9	85.0	84.6	88.1
学生	56.4	63.6	46.5	53.3	50.9	63.9	60.0
集計客体数	(2,732)	(3,299)	(4,215)	(3,982)	(3,897)	(3,139)	(3,667)

●女性

単位：%

就業の状況	1982年	1987年	1992年	1997年	2002年	2005年	2010年
総数（18～34歳）	**82.0**	**78.0**	**76.7**	**74.5**	**76.4**	**76.4**	**77.2**
正規職員	81.7	80.4	77.4	78.5	77.9	79.5	76.3
自営・家族従業等	86.2	78.8	82.5	78.6	73.3	79.6	80.6
派遣・嘱託	—	—	—	—	84.6	83.1	86.2
パート・アルバイト	87.2	84.2	85.4	77.1	83.0	87.7	85.6
無職・家事	88.7	90.3	93.3	86.4	85.2	89.4	86.9
学生	78.0	64.9	68.6	58.9	63.9	58.8	67.8
集計客体数	(2,110)	(2,605)	(3,647)	(3,612)	(3,494)	(3,064)	(3,406)

出典：「第14回出生動向基本調査」（国立社会保障・人口問題研究所、2010年）

校に通っていたのが、実家から職場に通うことに変わっただけで、疲れて仕事から帰ってくると家には明かりがついており、母親が食事の支度をして晩御飯には困りません。洗濯も掃除も身の回りのことはすべて親がしてくれます。病気になると親が手厚く看病してくれます。休日は家のことなど何もしないで、自分の趣味や好きなことに時間とお金をすべてつぎ込めるのです。

女性なら休日は母親とデパートに買い物に行き、支払いは母親がしてくれるケースも多いようです。長期の休暇は未婚者の友人と毎年海外旅行に行っているかもしれません。そんな状態を親が心配して結婚の話をしても、「出会いがない」、「出会いの場に行っても良い相手がいない」と結婚に進む気配がないまま、何も変わらない生活が続きます。独身者にとって親との同居は、快適な環境でいつまでも理想の相手を待てる状態が続きます。そして、息子さんや娘さんはどんどん年齢を重ねていくのです。

団塊世代の親たちは他の世代に比べて年収も高く、経済的に裕福な生活レベルの方が多いとよく言われます。その生活レベルを甘受している未婚者たちは、結婚すると確実に生活レベルが落ちてしまいます。父親の年収が高い女性は、その生活レベルが当たり前になり、どうしても結婚相手に高い経済力を求めてしまうでしょう。結婚し親の補助がなくなり、子どもができて仕事も辞めないといけなくなると、夫の収入のみで家族が生活しなければなりません。結婚して親とすぐ同居は考えられないので、結婚相手によっては確実に生活レベルが落ちてしまうのです。婚活で男性の年収を女性が気にするのは当然のことだと言えます。

親と同居だから結婚できないというわけではありません。私も結婚していますが、独身の時は親と住んでいたことがあります。経済的に助かるので何らおかしくはないのです。問題は、親と同居で至れり尽くせりの快適な環境でも、異性との出会いを求めているかどうかです。息子さんや娘さんが休日をどう過ごしているかは、同居していればわかるでしょう。親御さんから見て全く異性の影が見えないのなら、危機感を持って子どもの婚活にかかわらないといけません。

私の婚活セミナーは都心より地方で行なうことが多いのですが、地方では男性は親元で同居して地元の企業で働いたり、農家や実家の家業を継ぐ方がおられます。女性は地方に仕事が少ないので都心に働きに行って、一人暮らししていたり、男性でも関東近郊では東京に働きに出て都心に一人暮らしの方もおられます。では、一人暮らしであったら簡単に結婚に進むかといえばそうではありません。あくまでも本人が異性との出会いを求めて動いているかどうかです。都心で一人暮らしをしている息子さんの結婚を心配されている親御さんともたくさんお会いしますが、東京などの都心に住んでいると、これもまた結婚に縁遠いようです。全国で未婚率が一番高いのは東京で、都心に住んでいると生活がとても便利であって一人暮らしでも困りません。物価が高いので結婚して家族を持とうという気になりにくいのではと思います。**都心に一人暮らしをしているわが子の休日の過ごし方を、ぜひ確認してみてください。そこに異性がいなければ結婚は遠くなる可能性が高いと思います。**

未婚から抜け出せない未婚者

未婚で親と同居することの快適さは未来永劫続くわけではありません。親が年老いていくようにわが子も年齢を重ねていきます。30代や40代はまだ健康で自由を謳歌できますが、このままいけば未婚のまま50代を迎え、だんだん年老いてくるのです。ご本人が年老いていくだけでなく、親御さんも今のままではいられません。

数年前、私がテレビなどのマスコミに頻繁に取り上げられたころ、事務所に一本の電話がかかってきました。50代の未婚の息子さんと二人暮らしの80代のお母さんからの電話でした。「もっと早くから息子の結婚相手を探していれば良かった」と何度も何度も話されます。「私もいつまでも息子の世話ができるわけではないので、今、息子を料理教室に行かせていて、私も料理を教えているんです。私が亡くなった時のことを考えると夜も眠れません」と話されます。10年前は、こんな状況になるとは思っていなかったそうです。親向けセミナーでいろいろなお母さんと話しますが、「子どもの結婚にすごく悩んでいます。私は何もできないし、本人も何もしない。心配で夜中に急に起きてしまうんです」という声をこれまでたくさん聞きました。この親御さんの気持ちが、お子さんに全く届いていないことが本当に残念です。

未婚女性は40代になると結婚をあきらめる方が増えてきます。仕事はしているので経済的には特に困っていないし、今さら自分の子どもが欲しいとも思わない。良い相手だったら結婚を考えるが、そうでない相手なら今後も独りのほうが良いと思う、というように考えるのです。未婚男性にはいろんなタイプがいます。30代までは仕事が忙しくて結婚など全く考えていなかったが、40歳前後で急に自分の老後に不安を覚え、婚活を始める人もいます。きっかけは、親が急に病気で入院したり、周りの同年代が結婚へ動き出したりという外的要因が大きいようです。では40代で動いたら結婚に進むかといえばそうとは限りません。男性が結婚を考えると、自分の子どもが欲しくなったりします。そうすると出会いの場で40代の男性がアプローチする女性の年齢は30歳前後になります。女性が10歳以上歳が離れた相手を結婚相手と考えることは、男性の経済力などの条件がとても良くないとなかなかありません。では、もう自分の子どもを作ることは考えないので、これからの将来を一緒に歩んでくれる女性を探すとしても、同年代の40代女性で結婚を目指して行動している人は少ないし、行動している女性でも条件が良い男性でないとなかなか結婚相手として決めてくれません。条件にこだわらない女性でも、結婚することは他人同士が価値観や生活スタイルをお互いにすり合わせないといけないので、エネルギーが必要だし、ちょっと合わなかったら、特に結婚に焦っているわけではないので決められないのです。

親御さんの中には、わが子と、結婚をどうするかという話をするとすぐにケンカになるので、本人にことわりなしにお見合い相手を探す方もいます。しかし、親御さんが元気なうちはいいのですが次第に年老いて気が弱くなってくると、同居している息子や娘が頼りになってきます。今もしわが子が結婚して、家を出ていけば、年老いた自分たちが心細くなるため、わが子の結婚をあきらめて、このまま自分たちを看取ってもらいたいという気持ちになったりするのです。

このようにわが子が40代になると結婚への状況はさらに厳しくなるばかりで、結婚へ進む確率は20代30代と比べますます低くなります。最近こんな話を聞きました。40代以降で結婚を目指して婚活を始めたけれど、親が病に倒れて自分が介護をしなくてはならなくなり、仕事も辞めざるを得なくなった方がいます。いわゆる「介護離職」です。こうなると自分の結婚どころではなくなり、例え良い人と出会っても、結婚相手となる方は相手の親の介護をしなければならないかもしれません。こんな状況をよろこんで選んでくれる人が世の中にどれだけいるでしょうか？　結婚は個人の問題だけでなく、相手の家族との問題でもあるのです。

結婚に進むための一番大事な要素は何だと思いますか？　それは、「年齢」です。結婚相談所の仲人や婚活イベントの関係者、婚活を仕事としている方は皆さん同じように思っているでしょう。他にも年収、外見、性格などいろいろと大事な要素はありますが、40代で婚活を始めた方がもし30代で始めていたら、結婚へ進む確率は高かったはずです。20代や30代に出会いを求めてこなかった方が、40代でやっと動いても様々な要因によって婚活がうまくいかず苦労することになります。出会いの場に行って自分の置かれた状況が初めてわかります。こんなはずではなかったと思うのです。もちろん40代でも50代になっても結婚できる方はおられます。でもその方も20代30代に婚活していたらもっといろいろな可能性があったかもしれません。結婚適齢期という言葉はもはや死語かもしれませんが、人生の節目である「結婚」には適当な時期がやはりあるのです。

私はこれまで30代40代で婚活をしている方たちにたくさん会ってきました。婚活に本気で取り組んでいる皆さんが言われることは一緒です。「もっと早く始めていれば良かった」と話されます。だから、出会いを求めて行動していない未婚者の方たちに伝えたいのです。結婚するかどうかを、今決めてください。結婚するのなら、一日でも早く異性と出会うために行動してください。出会いを避けていては何も始まりません。仕事が忙しい、自由な独身生活をもっと楽しみたい、経済的にまだ結婚を考えられないなどといろいろと動けない原因はあるかもしれません。でも動ける時期を待っていると、どんどん年齢を重ねて、どんどん結婚できない要因が増えていきます。未婚から抜け出せなくなるのです。

35歳前後で婚活をしている女性とお話していると、こんなはずではなかったという声をよく聞きます。皆さん、まだ外見は若く見えて仕事もできます。20代の頃は男性にかなりモテた方もいます。ライフスタイルが充実していて、自分に合った相手を考えるとどうしても条件が良い男性を選ぼうとします。でもそのような男性は20代の女性を結婚相手として選ぼうとするのです。自分を選んでくれる男性は、40歳以上で見た目も条件も彼女たちの希望に合わない男性が多くなります。30代未婚男性なら、彼女たちにとってまだ魅力的な方はいるのですが、年下ばかりでうまくいきません。

婚活女性との話で、私は年下男性でも大丈夫ですという言葉を聞きます。しかし、私はこの13年間たくさんの婚活男性に会ってきましたが、婚活の出会いで年上の女性を積極的に選ぶ男性をあまり見たことがありません。女性たちは30代になっても自分磨きを続けているから、まだまだ若いと思っていても出会いの場に行くと厳しい現実にさらされてしまいます。そうこうしているうちに、年齢も重ねていきます。仕事ができる女性は、職場でもいろんな男性とかかわっています。しかし、良い男性と思えるのはすべて既婚者です。女性が選びたい男性はすでに他の女性と結婚しています。数少ない魅力的な独身男性は結婚願望がなく、まだまだ遊びたいと思っている人ばかり。だんだん焦ってくるとそれが相手男性にも伝わり、余計に男性から引かれる状況になっていくのです。そして、うまくいかない婚活で精神的にも疲れてしまい、結婚をあきらめてしまう方も多くなります。30代後半から40代の女性で結婚が決まる方は、いまアプローチしてくれる男性たちが現実的な相手であると認識し、その中から決められる女性です。

年齢という決して変えられないもののために、婚活の出会いで苦しむ方は多くいます。ある男性は40歳まで婚活を全くしていませんでした。母親が病気になったことをきっかけに将来に不安をいだき婚活を始めました。40歳くらいだと男性は見た目も気持ちも若く、婚活の出会いの場でいつも30歳前後の女性にアプローチしようとします。でもパーティーに何度行ってもカップルになれません。そのときは参加女性と縁がなかったと思い、あまり深くは考えませんでした。そうこうしてもう40代後半になります。30代の頃は自分の子どもが欲しいとは考えていませんでしたが、結婚をいろいろ考えているうちに自分の子どもが欲しいと思ってきました。そうすると、40代後半になっても、出会いの場で結婚相手として選ぶ女性は30歳前後をあきらめきれなくなるのです。婚活は相変わらずうまくいきません。

この年齢による男女のミスマッチは他の魅力でカバーしようとしても難しく、相手選びを変えていかないとますます結婚が遠ざかっていくのです。婚活で結婚が決まる多くのパターンは、どんな年代でも自分と近い年齢の相手と結婚を決められる人たちになります。40代男性で結婚が決まる方は、自分の年齢と5歳くらいの差の範囲内の女性へと切り替えられる方たちばかりです。どうしても20代女性をあきらめられない男性は、婚活の出会いではなく、趣味の仲間などとの自然な出会いをするか、バツイチの女性や子持ちの女性を含めて対象範囲を広げていくことをおすすめします。

40代女性で結婚が決まる方は、年齢により婚活が難しくなる現実を受け入れ、相手選びと出会いの場を広げられる方が多いです。婚活の出会いであるお見合いやパーティーなどは、どうしても年齢が相手に先に伝わります。そうすると、アプローチしてくれる男性が減り、自分の希望と相手の条件がなかなか合わなくなってきます。アプローチしてくれる男性の中から相手を決めることができれば良いのですが、そうでなければ、条件から入るのではない自然な出会いを増やしていくべきだと思います。

年齢を重ねていけばいくほど、ご本人が考えていた以上にうまくいかないのが婚活です。息子さんや娘さんが未婚から抜け出すことができるように、結婚は年齢が大事なことを早くご本人に伝えてください。

2章のPOINT

- 今の時代、近所の世話焼きの人や、職場の上司などが結婚相手を紹介するケースが少なくなった
- 婚活を始めるのは早い方がいい
- 親との同居は、結婚を遠ざける
- お子さんと本気で話し合い、出会いを見つけることをすすめてみる

3章

わが子を結婚に近づけるための親の心構え

どうしてわが子に結婚して欲しいのか

ここまでの話を読まれて、もし息子さん娘さんの年齢が高かったら、親御さんの中にはわが子の結婚をあきらめる方もおられるかもしれません。しかし、**決して年齢が高いと結婚できないわけではありません。私がお伝えしたかったのは、あくまでも年齢が高くなるにつれて、結婚へ進む確率が低くなるということです。**それは結婚が自分一人でできるわけではなく、必ず相手がいて、年齢が高くなれば対象になる相手が少なくなったりして状況が変化していくためです。積極的に出会いを求めないわが子を親御さんが一日でも早く説得してください。

結婚へ進みにくい社会環境で結婚できるかどうかは、本人が本気になって結婚へ向けて行動できるかどうかです。何もしないで本人が本気になるのを待っていては、状況は何も変わらないし、ますます結婚が難しくなります。**一番身近な親御さんが本人を本気にさせなければなりません。**これまでもわが子に結婚のことを話してきたが、すぐにケンカになり話にならないというケースを、たくさんの親御さんから聞いています。ケンカになろうがわが子に嫌われようが、何度でもあきらめずにわが子に話をしていくしかありません。ケンカを避けない、結婚をあきらめないことです。この世の中でわが子を本気で心配できるのは親御さんしかいません。

たくさんの親御さんから子どもとの話し合いの状況を聞いています。親御さんが「結婚はどうするの?」と本人に言っても、「わかっている」、「ほっといて」、「しつこい」などと真剣に取り合いません。あるいはすぐ怒って自分の部屋に逃げてしまう。このようなやり取りがもう何年も続いている親子もいらっしゃると思います。いろんな親御さんの話を聞いていると、わが子への呼びかけが「もうこんな歳なのに結婚していないと恥ずかしい」、「なんで結婚できないの」、「いとこはもう結婚して子どもがいるのに」といったように、結婚していないことを恥じたり、世間体を気にしているように感じます。それを何度も聞いているわが子は、親が単に世間体のために自分に結婚して欲しいだけなのではと、とらえてしまうこともあるのではないでしょうか。それは、小学生に「勉強しろ、宿題しろ」と頭ごなしに言葉をかけて子どもが反発する光景に似ています。

これまでわが子を出会いの場に動かすことに成功した親御さんの話を聞くと、わが子との話し合いの前に、親御さんがどうしてわが子に結婚して欲しいのかをまず考えて、その考えを真剣にぶつけることが大事なんだと感じます。ある親御さんはこう話されていました。「息子に家族を作ってほしい。私はあと何十年もしないうちにこの世からいなくなる。そうなったら、彼には家族がいなくなってしまう。今は一人でも生きていけるかもしれないが、いろんなことがある人生でやはり頼りになるのは家族。お互いを支える家族を作ってほしい」と切実に話されていました。**この世の中、結婚しないと家族は作れません。他人と結婚して新しい家族ができます。**そこに子どもが生まれると家族がさらに増えます。この当たり前のことを何千年と人々が行ってきて、

今の世の中があります。

結婚してもすぐ別れる人、わが子を虐待する人、家族なのにケンカばかりしている人……、既婚者の話は家族の悪い面ばかり強調されがちですが、**それに負けないくらい家族の良さがあるはずです。長い人生の中で家族の良いところと悪いところを知りつくしている親御さんだから、わが子に伝えられるのだと思います。**まだ人生の半分ほどしか経験していないわが子に、どうして結婚して欲しいのか、親の本音を本気でぶつけていただきたいです。

ある親御さんは話し合いでは娘に言い負かされてしまうから、親としての想いを手紙に書いて本人に渡したと話していました。親子断絶になってもいいという覚悟で書かれたそうです。それを読んだ娘さんの態度は変わり、優しく接してくれるようになったとのことです。

私は今40代で、すでに結婚して息子がいます。両親は70代になり健在です。よって、親という面と息子という面の両方を持っています。私は自分に子どもができるまで、親が自分のことをどう思っているか全然わかりませんでした。そんな話もしてこなかったし、そういう機会もなく、家族として当たり前のように日々を過ごしてきました。私の結婚式で、印象的なことがありました。父親が新郎の父の挨拶の時に急に泣き出したのです。その時は意外な光景にビックリしただけで、どうして父親が泣いたのかわかりませんでした。

でも今、息子を持って、その時の父の気持ちがわかる気がします。子どもを育てるのは大変です。自分の時間とお金をすべてかけないといけない時もありますが、親としてそうしたいと思います。しかし、こんな苦労をしてわが子を育ててきても、子どもにはその苦労が全くわからないでしょう。親の想いは、言葉と態度で伝えないとわが子には伝わらないのです。伝わらないということは、コミュニケーションにおいてはその想いが「なかったこと」と同じになります。親の想いを子どもに本気で伝えましょう。

もし私の息子が結婚式をして私が父と同じような場面を迎えたら、きっと泣き出してしまうと思います。これまで何十年の息子とのかかわりをいろいろと思い出して感情が激しく揺さぶられることでしょう。私はその瞬間を絶対迎えたいと強く願っています。

わが子と結婚や将来について具体的に本気で話し合う

わが子の結婚に向けてまず親御さんがやるべきことは、話し合うことです。問題を先送りするわが子に人生の先輩として親として、覚悟をもって立ちはだかることです。ここは親御さんの人生の中で一番の本気を出さないといけないと思います。こんなにもわが子のことを心配していることを全身全霊で伝えるべきです。他人を説得するわけではありません。何十年前は赤ちゃんだったわが子を説得するのです。親御さんもこの機会から逃げていては、何十年か経ってきっと後悔するのではないかと思います。そして、話し合いの中でわが子が残りの人生で結婚するのかしないのか、はっきり答えを引き出しましょう。わが子はこれまでのように逃げて、答えもごまかすかもしれません。ここでごまかされたら、今までの繰り返しで、状況は何も変わりません。そしてまた先送りすると、わが子の結婚はますます難しくなることを親御さんはこの本で知りました。それをわが子に伝えてください。

結婚する気があるという答えを引き出したら、では何歳ごろにするのか？　今、相手はいるのか？　日常で出会いはあるのか？　自分の子どもが欲しいのかどうか？　具体的にわが子の考えをどんどん引き出してください。おそらく何も考えていない場合が多いですので、今、考えてもらいましょう。問い詰めるのではなく、答えを導くのです。10年後20年後は今の生活がどうなるのか、その時もう親はいないかもしれないことも考えてもらいましょう。数十年先のことを明確に考えている人は世の中にそれほどいないと思います。今の日常がなんとなく続いていくのだと思いながら日々を過ごしている人が多いのではないでしょうか。わが子も同様、何十年か後の生活など、想像しづらいものです。50代、60代、70代をすでに経験した親御さんからこの何十年の変化を伝え、生活はどうなるのか、健康はどうなるのか、本当に独りでこの世の中を生きていけるのかを、想像してもらうのです。

もしわが子が結婚する気がないという答えを出したら、親はどうすれば良いでしょうか。結婚は個人の自由、結婚しなくても困らない時代ですので、わが子がそのような答えを出す可能性は十分にあります。その答えを聞いた瞬間に親御さんはどう思い、どうしたいかで今後の話し合いが変わってくるでしょう。それはわが子が「家族」というものを否定した瞬間かもしれません。ある親御さんは何日も泣きました。これまで私たち家族をわが子はマイナスに考えていたのか、これまで積み上げてきた家族の歴史は何だったのか、自分の育て方に何か問題があったのかなど、いろいろな想いが湧き起こります。そうなったら、結婚する気がないと言ったわが子に、親御さんの気持ちをそのまま伝えるしかないのではと思います。

ただ、あまり深く考えずにわが子は答えを出しているかもしれないので、まだ説得する余地は十分あります。だから、**あきらめずに何度でも親の想いを伝えることが大事だと思います。今は結婚を考えてなくても、いろいろな外的要因で気持ちは変わることがあるからです。**

50代までは、わが子が健康で親御さんも健康であれば、未婚のままでも問題なく今とは変わらない生活でしょう。しかし、その先はどうなるのでしょう。そんなことは考えたくないからと問題を先送りするのはやめて、逃げずに立ち向かいましょう。50代でも60代でも本人にその気があれば、結婚は可能です。家族を作ろうという努力があれば、きっと一緒に歩んでくれる相手が見つかるという気持ちをなくさないことが大事だと思います。

出会いの場に行かないわが子の年齢や条件、コミュニケーション能力などを考えると、親御さんがわが子の結婚をあきらめてしまうかもしれません。これまで私はずっと今の時代は結婚が難しいと言ってきました。確かに出会いを求めない人が結婚するのは難しい状況です。でも、**出会いを求めれば結婚にたどりつくのは意外と簡単だったりします。**この世の中で結婚した人たちはみな条件が揃っていたのでしょうか？　コミュニケーション能力が高かったのでしょうか？　わが子と同じような条件の人が結婚したりしています。世の中ではいろんな人が結婚しているのです。結婚した人たちは、出会いがあったから結婚できました。まず出会いの場へ行ってみて、うまくいかなければその原因を考えて改めていけば、多くの方が結婚へ進むことができるのではないかと思います。

わが子に出会いの現状を認識させる

結婚するために絶対に必要なのが、異性との出会いです。異性と出会わないと結婚はできません。この当たり前のことをもっと認識しましょう。わが子が結婚していないのは、結婚しようという気がこれまでなかったことと、日常で異性が近くにおらず、自分からも出会いの場へ行かなかったからです。異性とのコミュニケーションが苦手だったとしても、出会いを求めていくしかありません。**本人が結婚へ進むために出会いを求める気になったなら、まず今の環境で本人にどれだけ出会いのチャンスがあるかを考えてもらってください。**

30歳までに結婚したわが子の同級生は、何らかの出会いでパートナーと巡り会えました。同級生ができたのだからわが子にもできないはずがありません。10代や20代の出会いは、お見合いなどの「婚活の出会い」ではなく、ほとんどが「自然な出会い」でしょう。自然な出会いとは、学校の仲間、友人関係、趣味の仲間など日常生活においての出会いです。社会人になると仕事関係の出会いが始まります。大人が過ごす時間で一番長いのが仕事をしている時間です。親の時代は結婚した多くの人が職場関係の出会いでした。友人関係と仕事関係、この二つが主な自然な出会いです。これら自然な出会いは、日常でいろんな人たちとコミュニケーションする場になります。ここに異性がいれば自然と仲良くなり恋人関係になったりします。この自然な出会いでわが子の同級生たちの約半数が20代までに結婚しました。

20代ではまだ婚活による出会い（お見合いや婚活イベントなど）の場に行くのは少し早いかもしれません。30歳前後になると、自然な出会いでは相手が見つからないので、婚活を始めることになります。お見合いや婚活イベントだけでなく、今はインターネット上で結婚相談所と同じようなシステムを低額で行っているサービスがいくつもあります。他にも合コンセッティングや街コン、社会人サークルなど出会いの場は探せばいくらでもあり、婚活によって結婚に進んだ人は世の中にたくさんいます。**ところが、「出会いがない」と言っているにもかかわらず、婚活の出会いを避ける人は結構多いです。**おそらく息子さんや娘さんと話しても、婚活の出会いを嫌がる発言をされるでしょう。「結婚相談所なんて絶対嫌だ」、「婚活パーティーなんて行っても無駄」など消極的な発言になり、いくら勧めても興味をしめしません。わが子が婚活の出会いを避ける理由は、出会いにお金をかけたくないことやどんな相手に出会えるかわからない不安などが考えられます。

自然な出会いで結婚した友人は、結婚相談所のように何十万も払って出会ったわけではないので、なぜ自分は何十万もかけないといけないのか、という気持ちになるのでしょう。婚活の出会いでお金を払って出会った人たちも、自然な出会いがあったなら婚活の出会いの場へは行かなかったでしょう。婚活の仕事をしている私でさえも、世の中の人たちがみな自然な出会いがあれば、婚活の出会いなんていらないと思います。

自然な出会いの中に仕事関係の出会いがあります。職場でたくさんの男女が働いていたら、恋愛関係になる人たちも出てきます。では、何年も同じ職場で勤めていた異性の同僚から、急に「実は好きだったんです」と告白されたとして、恋愛関係に発展するでしょうか？　告白されたほうは、何を今さらと思います。男女が仲良くなって恋愛が始まるのは出会ってすぐの場合が多いです。よって職場で長い間恋愛感情を抱く異性がいなかった方は、今後もない可能性が高いのです。30代を超えた方はとくに自然な出会いでは結婚につながる異性との出会いが実現できなくなり、年々状況は悪くなっていきます。

このような自然な出会いの場で、わが子が今から結婚へ進む可能性がどれだけあるでしょうか。**「出会いがない」という方たちは、これまでこの自然な出会いで何も生まれてこなかったのですから、何かを変えなければ今後も生まれてこない可能性が高いでしょう。息子さんや娘さんも同じような状況だと思います。今の日常の出会いの中で、異性との出会いが生まれるチャンスはないか、他に何か出会いの機会がないか、**

自分のライフスタイルからよく考えることです。

もし今の日常では巡り会えないのなら、この日常を変えるしかありません。友人を増やす、友人に紹介してもらう、新たな趣味の集まりに入る、仕事関係で紹介してもらうなど、異性と出会える可能性があることは何でもやっていきましょう。**「自然な出会い」とは何もしなくて異性と出会えることではなく、いろんな人とコミュニケーションしていく中で結果的に異性と出会えたということなのです。**これを親御さんから本人に気づかせていただきたいです。自然な出会いが難しいのなら、婚活の出会いもしなければ、出会いは増えていかないのです。

お子さんが結婚へ進んでいるかどうかを簡単に確認する方法を、私の婚活セミナーで伝えています。出会いから結婚までの「結婚への道のり」です。世の中の結婚した人はみんな同じ道のりを歩んでいます。まず相手と何かの出会いの場で出会ってコミュニケーションをとる。そのコミュニケーションの印象がお互い良かったので、今度は二人っきりで会う。婚活パーティーでの出会いなら、最後にカップルとして成立したら連絡先交換をして、その後二人で会うことになります。ランチなどの簡単な食事をしたり、喫茶店に行ったりすることです。この二人っきりの場面の印象がお互い良かったら、次回も会うことを約束します。そして何度かデートに行って、お互いの気持ちが近づくことにより、タイミングを考えて、多くの場合男性から「お付き合いしてください」と告白してお付き合いが始まります。その後、恋人同士から結婚するまでもう少し年月がかかるでしょう。

これは恋人関係の二人でも同じ道のりを歩みます。結婚されている親御さんも同じ道のりを歩んできたはずです。この結婚への道のりを、これからわが子が歩んでいけるかどうかが今後の問題です。そしてどれだけの年月が経って結婚まで到達できるのかということになります。

この結婚する人誰もが通る道のりをいつも考えてくださいと、婚活をしている方にお伝えしています。私がこの「結婚の道のり」で重要視するのが最初の二人っきりの時間です。出会いの次の段階で、お互い二人っきりで会っても良いと思い、「1対1

結婚への道のり

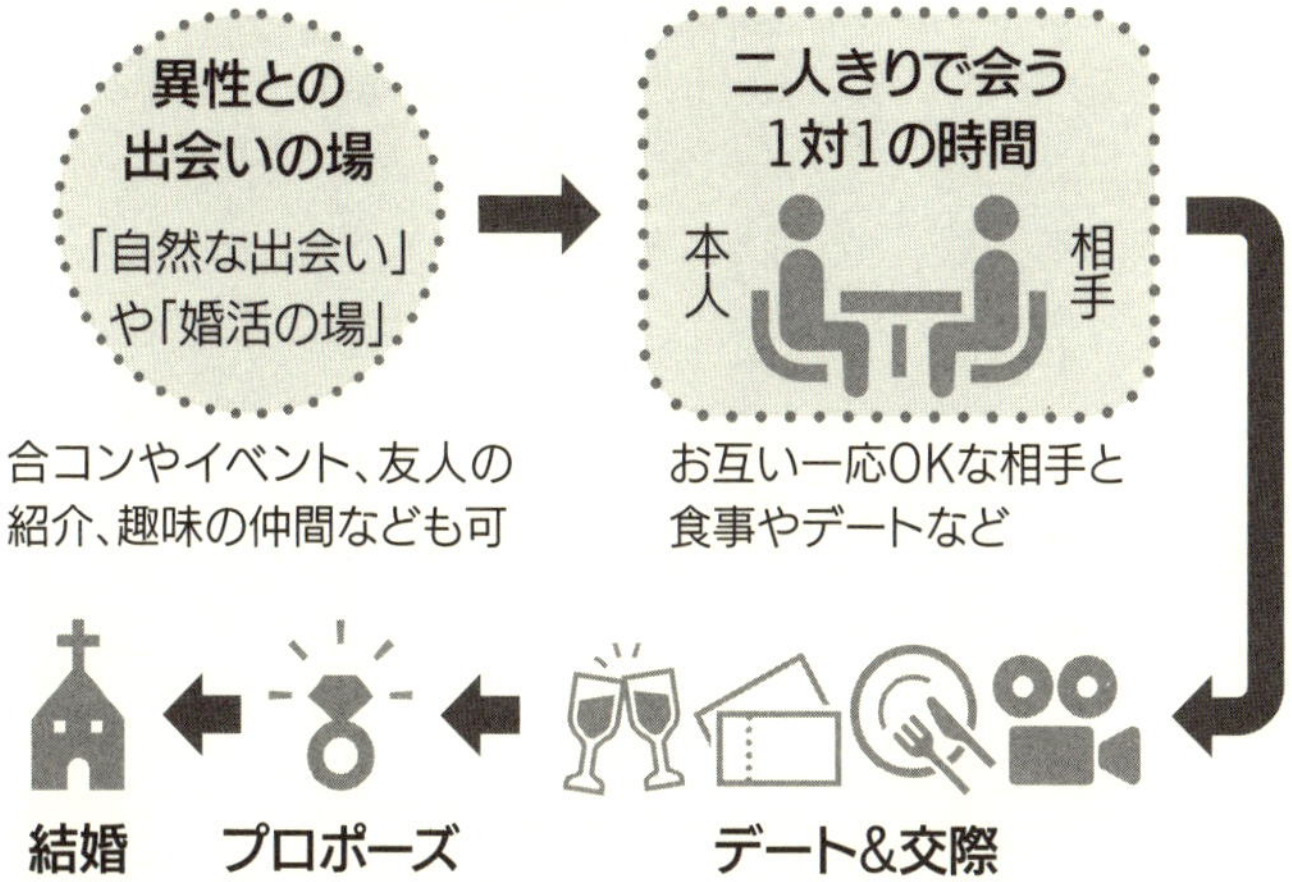

の時間」が生まれます。当然二人は、ただの友人関係や仕事関係ではなく、これから恋人に進むかもしれないとお互い少しでも意識していることが前提になります。その気持ちがないと、男女は二人っきりになろうとは思わないので、二人で会えるということは可能性が0％ではないと判断できるのです。

婚活中の未婚者には、いつもこの二人っきりの時間を今どれだけ作れているかを意識してもらっています。**これから出会いに進むわが子にこの1対1の時間が昨年1年間でどれだけ作れたか思い出**

してもらってください。これから半年で何回作れそうか考えてもらってください。昨年1年間でこの「1対1の時間」が0回だったら、それは出会いを求めていないし、日常でも異性との出会いを意識して行動していないということです。結婚している二人には必ず1対1の時間がありました。昨年1対1の時間がなかったなら、何もしなければ今年もないでしょうし、来年もない可能性が高いでしょう。この1対1の時間を婚活ではいつも意識しなければならないのです。自分は1対1の時間が作れているのかどうか、どうしたら増えるかを考えてください。

　親御さんの時代までは、この「1対1の時間」を一人と作れたら、多くの方がそのまま結婚まで進んでいたでしょう。この1対1の時間はお見合いの状況と似ています。よくベテランの仲人さんが言うように、昔は1回二人を会わせたらどんどん結婚が決まったようです。でも今の時代は、1対1の時間があったとしてもそう簡単には結婚まで進みません。お見合いで二人っきりになったとしても、相手の趣味や価値観などがちょっとでも合わなければ、次に進むことをやめてしまい、別の人との出会いを求めます。個人主義でライフスタイルや価値観が多様化している時代ですので、30年間40年間、別の生き方をしてきた他人と合わせることは難しいのです。また、これは結婚相手を探している婚活です。10代の恋愛と違い、お互いの性格や外見だけでなく結婚の条件などを考えて相手を決めないといけないので、そう簡単に先に進みません。だから結婚するためには、親の時代と違いたくさんの相手と1対1の時間を作っていかないといけません。

1対1の時間を増やすためには、その前段階の異性との出会いの場をもっと増やすことが必要です。自然な出会いが期待できないのなら、婚活の出会いの場へ行くしかありません。結婚相談所や婚活パーティーのメリットは、お金と時間がとれたらすぐに誰かと出会える可能性が高いことです。とくに婚活パーティーやイベントが良いのは、参加すればそこに出会いを求めた異性がたくさんいるということです。例えば、男女各20名の婚活パーティーなら、出会いを求める異性が目の前に20名います。こんなこと日常生活ではめったにありません。このような出会いのメリットがあるのに、婚活の出会いは嫌だからと言って、自然な出会いを求めて近所のスポーツジムに入会した方がおられました。スポーツジムに行けば独身の異性もきっといるでしょう。でもそう簡単に話したり仲良くなることはなかなかできないと思います。異性に声をかけたとしても、相手が恋愛する気がなければ警戒します。仲良くなったとしても、相手は既婚者であったり、恋人がすでにいるかもしれません。そんなことで時間を使っていたら、すぐに年月が経ってしまうのです。これを20代でやるならゆっくりやれば良いかもしれませんが、30代や40代でそんなことをして結婚に近づけるのは何千人に一人くらいの確率ではないかと思います。

出会いにはその人に合う、合わないもありますので、いろんな所に行ってみて自分に合うものを見つけていけば良いと思いますが、「1対1の時間」を作ることを常に意識をしてもらってください。そしてわが子には、「自然な出会い」も「婚活の出会い」も並行して探すことをすすめてください。

婚活の期限を決めさせる

あるお父さんはこれまで息子さんに「結婚はどうなっている?」と定期的に声をかけてきました。最初に確認したのは息子さんが35歳の時です。息子さんからは「わかっている」、「任しとけ」という言葉が返ってきました。息子は結婚をちゃんと考えていると思い、それ以上は踏み込みませんでした。数か月経って、息子さんに変化が見られないので、また「結婚はどうなっている?」と声をかけました。息子さんからの言葉は、また「わかっている」、「任しとけ」です。このやり取りが何年も続き、息子さんは40歳になりました。それでも相変わらず、返事は「わかっている」、「任しとけ」なのです。お父さんは、もっと早くに息子には任せられないと気付くべきでした。息子さん以上に親御さんがまず危機感を持って変わらないことにはこのやり取りはこれからも続きます。結婚していなくてもあまり困らない世の中では、結婚へ向けてある程度の期限を設けて行動しないと、何も変わらないままどんどん時間が経っていくのです。

わが子が話し合いの中で、今、仕事が忙しいから時間ができたら出会いの場へ行くと言ったら、そこで引き下がらずに、「では期限を決めよう」と提案してみてください。期限がないと、出会いは後回しになってしまい、数年後に結局何も変わっていなかったということになるのです。これをしてこなかったから、今、親御さんがわが子の結婚に悩まなければならないのではないでしょうか。例えば、「半年後までに異性と1対1の時間を何回か作って誰かとお付き合いする」という目標期限を設定します。もし半年たっても何も出会いがなかったら、「必ず結婚相談所に入会する」や「親の紹介のお見合いをする」などの約束をしてもらいましょう。いい加減な約束ではなく、親子間でしっかり話し合って約束をしましょう。

私の婚活セミナーでは、婚活をしているご本人にまず結婚への目標を考えてもらっ

ていきます。いつまでに何歳までに結婚するのか、どんな相手と結婚したいのかをじっくり考えるのです。28歳の方が30歳までに結婚すると決めたり、結婚相手への条件などを考えたりします。勉強でも仕事でも、目標と期限を決められる方は成果を得やすいでしょう。自分が決めた約束を守ろうと努力をされるからです。出会いや恋愛においては、目標を立てている方が少なく、その時の雰囲気や流れに任せていて、結果的にうまくいったりいかなかったりという感じです。結婚でもよく「ご縁」という言葉を使います。たしかに「縁」というものはあると思いますが、縁をつかめる方は、それなりの出会う努力をされている方だと思います。婚活で結婚される方は、自分の中にある程度の目標と期限を決めて動いている方が多いです。

反対に、婚活が長期化してなかなか結婚できない方は、目標と期限は特になく、良い出会いがあったら結婚しようという程度で、積極的に出会いをせずどんどん年齢を重ねていかれます。たとえ出会いがあっても5年も10年も婚活が長期化している方は、自分がうまくいっていないことをあまり自覚していません。ただ、自分に合う人がこの出会いの場にいなかったと、思われているでしょう。しっかりと目標と期限を考えて今の状態が結婚に進んでいるかどうか、常に自分をチェックしていくことが大事なのです。

なぜ婚活が長期化してしまうのか、この原因のひとつに「相手を決められない」ということがあります。出会いの場でも目の前の相手よりもっと良い相手がいるのではないかと考えたり、以前に出会った相手のほうが良かったなど、他の人と比較してしまうため、目の前の相手に決めることがなかなかできないのです。性格や価値観、ライフスタイルなどがちょっと違うと、さらに決めることができなくなります。ある程度出会いの場に行っている人は、目の前の相手をあきらめて、次の出会いに期待してしまいます。**結婚相手の目標と期限を決めておかないと、出会いの場へ行っても相手を決めようという気持ちが起こらなくなるのです。**

わが子を自立させる

わが子と結婚について話し合いができ、目標と期限を決めたらあとは出会うだけという段階に来たとします。でもわが子がなかなか動いていないとします。こんな時の打開する一つの方法として、**思い切って一人暮らしをしてもらうのはいかがでしょうか？　未婚化の要因と言われている「親との同居」をやめるのです。とくにお子さんが息子さんの場合は、実行すべきだと思います。**30代や40代になって、いつまでも親御さんがご飯や洗濯などの身の回りのことを世話しなくてもよいと思います。不自由のない快適な生活を続けていると、結婚ということを真剣に考えられずに歳を重ねていきます。独りで生活をして家族がいない不自由さをもっと実感していただきたいです。一人暮らしは、日常生活すべてを自分でやらなければなりません。生活するにはいろんな手続きや考えなければならないことがたくさんあります。銀行や役所の手続きも平日に行かなければ困ることがあります。毎日3食のご飯のメニューを考えるのもけっこうわずらわしいことです。仕事が終わって帰ると家には明かりがついていないし、病気になったら誰も看病してくれません。独りになって、家族のありがたみが実感できるのです。

学生の時は都心で一人暮らししていたわが子が地元に戻ってきて、今は親と同居しているケースがあります。学生と社会人では少し状況が異なります。学生の時は時間がたくさんありましたが、社会人になると仕事が忙しくて思うように自分の時間がとれません。時間がない時に自分の代わりにいろいろとやってくれるのが家族です。今の時代は時間がない時はお金を出せば他人に頼むことができますが、家族ほどの融通がきくわけではありません。社会人での一人暮らしこそ、家族のありがたみが感じられます。

一人暮らしのメリットは他にもあり、男女の仲が進展しやすくなるのです。結婚の前にその相手と恋愛をしなければ、結婚相手として良いかどうか判断しづらいでしょう。男女の仲が親密になることによって、より相手のことがわかります。お見合いのように、恋愛期間があまりないままで結婚に進む場合もありますが、婚活をしていく中では、お見合いだけでなく自然な出会いがある可能性もあります。一人暮らしをしていると、この自然な出会いで恋愛関係を作るきっかけになりやすいのです。

自然な出会いで男女が仲良くなり、二人で出かけたり何度か食事をしたりすると、次に告白が成功すれば恋人関係に発展します。この相手が自分のことを恋人候補として考えてくれるかの判断の一つが、一人暮らしの部屋に相手が来てくれるかどうかです。仲の良い友人関係と相手が考えているだけなら恋愛感情がなくても来るかもしれないので別ですが、通常は相手と恋愛関係を意識していないと異性の一人暮らしの部屋で二人っきりにはならないはずです。一緒に部屋でテレビを見たり、料理を作っているといつの間にかさらに親密になっていくことは十分考えられます。これが親との同居ではできません。自然な出会いでなく、婚活イベントでカップルになった相手やお見合いで交際することになった相手でも、何度か会っているうちに相手の気持ちを確認したくなったら、一人暮らしの部屋に誘うことが判断材料になります。学生時代に一人暮らしをする男性の中には、こういうことを期待して親元を出る人もいるのです。女性が大好き、恋愛大好きな男性は、費用がかかっても当然ながら一人暮らしを選びます。そんなことをあまり考えていない息子さんでも、ここは何かを変えないといけないですから、あえて一人暮らしをして自立してもらうように親御さんから仕向けていただければと思います。娘さんの場合は女性だから親元にいたほうが安心ですが、娘さんでも自立させる親御さんはけっこういらっしゃいます。

3章のPOINT

- 年齢が高くなると結婚できないわけではない
- 親御さんがあきらめてはいけない
- 「なぜ結婚してほしいのか」本気の思いを伝えよう
- いつまでに、どんな人と結婚したいのか。婚活の期限を決める
- 結婚には、出会った相手と「二人っきりの時間」が必要。その出会いがお子さんにはどのくらいありますか?

4章

親の
具体的婚活方法

家族・親戚・知人、全員に協力してもらう

親御さん向けの婚活セミナーの参加者は、息子さんや娘さんの結婚について日々悩んでいるお母さんが多いです。会場の約8割は一人で来られたお母さんで、あとはご夫婦や、お父さんが一人で来られています。どこの会場でもこのような割合ですので、お父さんはいったい何をしているのだろうと思います。一人で来られたあるお母さんとお話すると、お父さんは「子どもの結婚はお前に任せた」と言ってかかわっていないとのことです。団塊の世代は、父親が会社人間のため家庭にかかわらず、子どもの教育や生活についてはほとんど母親が一人で携わってきた家庭が多いと聞きます。よって子どもの恋愛や結婚も母親が責任を押し付けられているかもしれません。お母さん一人ではわが子の結婚に対してこれまで話が進まなかったのですから、今さら

感はありますが、**お父さんもわが子の結婚に積極的にかかわるべきだと思います。親御さんが行動して婚活が成功した例では、夫婦が揃って動いていたケースが多くあります。**お母さん一人が悩まずに、お父さんにも協力してもらうように話をしましょう。お母さんが息子さんに結婚について話をするとケンカになって話し合いにならないことが多い場合は、お父さんにも話し合いの中に入ってもらうことで何か変わることがあるかもしれません。

私が親御さん向けのセミナーを最初に行った時の、とても印象的な話があります。そのセミナーにあるお母さんが参加していました。私が「今日来られたきっかけは何ですか？」と声をかけると、そのお母さんは「娘に絶対参加してと強く言われました」と答えました。娘さんの結婚を心配して参加されているのかと思ったのですが、さらに話を聞いてみると娘さんはすでに結婚して子どもがおり、結婚していないのは40代の息子さんだったのです。お父さんはすでに亡くなっており、お母さんとお兄さんが二人で暮らしているとのことです。妹である娘さんは、「お兄ちゃんはこのままでは絶対結婚できない。責任もってお兄ちゃんを結婚させるのはお母さんだからね」というも母親に言っているようです。兄が結婚できそうかどうかは異性である妹から見たらよくわかります。妹さんは兄の結婚に強い焦りをもっており、さらに母親に言います。「お母さんが亡くなったら、お兄ちゃんは独りっきりになり、もしお兄ちゃんに何かあれば私や私の子どもにかかわってくるんだから。お兄ちゃんが亡くなったら喪主は私か私の子どもなんだから。それは嫌よ」と話すそうです。私はその話を聞いて、結婚は個人の問題ではなく、家族の問題なんだとつくづく思いました。

親御さんだけでなく、兄弟姉妹ももっと家族の結婚について考えないといけないと思います。家族全員で独身の家族が結婚に向かうように協力すべきではないでしょうか。すでに結婚している兄弟姉妹は、独身の家族について無関心な場合が多いようです。結婚していないのは本人の問題であり、自分が口を出すことではないと考えていると思います。でも親御さんが亡くなったら、独身者の将来は残った家族が何らかの形でかかわってくることをもっと考えるべきです。このことを親御さんから他の既婚の子どもたちに伝えて協力してもらいましょう。

親戚や知人で出会いを紹介してくれそうな人がいたら、こちらから婚活中ということを伝えて多くの人に協力してもらうのがいいと思います。人はこちらから頼まないと何もしてくれません。人の紹介だと煩わしいなどと思わずに、少しでも可能性があれば出会いを増やすためにやらなければならないのです。親御さんの兄弟姉妹、わが子にとってはおじさんおばさんの中には、仲人のようなことが好きな方もいるかもしれません。もしわが子が親の意見を受け入れなかったり話し合いにならない場合は、おじさんやおばさんから話してもらうことも必要です。

ある家族のケースをご紹介します。姉弟の二人きょうだいで、お姉さんはすでに結婚しており、弟さんは30代未婚者で親と同居しています。姉から見ると弟はとても優しい子ですが、恋愛に対しては消極的で、10代の頃からバレンタインデーでチョコをもらったところを見たことがありませんでした。お姉さんはこのまま弟を放っておいたら絶対結婚できずに40代になってしまうと思い、両親に頼んで弟に一人暮らしをし

てもらいました。そして結婚相談所に登録して、親には親御さんがお子さんに代わってお見合い相手を探す「親の代理お見合い会」に参加してもらいました。

親の代理お見合い会がきっかけでお見合いをすることになり、その相手と交際することになりました。交際となるとデートをしなければなりません。でも弟さんはこれまで女性と付き合ったことがないので、デート用の服を持っていません。そこでお姉さんが一緒に服を買いに行きました。デパートや専門店に行って、弟さんに服装のアドバイスをし、どれを買うかも決めてくれます。弟さんは言われるままにお金を出すだけ。女性から見てデートで男性にどんな服を着てきて欲しいかは、同年代のお姉さんがわかっています。これこそ家族の協力だと思います。この弟さんはその後、交際していた女性と結婚して子どもができました。もしあの時、お姉さんが行動していなかったら、まだ結婚していなかったかもしれません。また、あるお母さんは、息子が全然女性と話せないからと、いとこの女性たちを呼んで一緒に食事会を何度もしているそうです。すぐに会話はうまくなりませんが、そんなことでもしないと息子さんは、日常生活で女性と会話をする機会がほとんどないからだといいます。

家族が困っていたら家族全員でできることから協力する。うまくいくか保証はありません。でも何かしてあげたいという家族のみんなの思いを感じれば、本人もやらなければいけないと考えるのではないでしょうか。

わが子の代わりに出会いと婚活情報収集を

わが子の婚活で親ができることは、まずご本人を説得し本気にさせて出会いの場に行かせること、もう一つは親御さんが仲人のように動いて「人の紹介」で出会いを作ることです。私は親向けのセミナー時に参加者の親御さんたちに問いかけます。

「皆さん、今日、わが子の写真や身上書を持ってきていますか？」

親御さんにいつでもわが子を紹介できる準備と気持ちがないと出会いは増えません。皆さんまだそこまでの気持ちがない方が多いようです。家の外に出たら何かわが子の出会いにつながる人はいないかといつも思って動きましょう。 30歳でまだ半数の方々が結婚していないのだから、世の中にはたくさんの未婚者がいるのです。未婚者本人だけでなく、その親や知り合いにどこで出会えるかわかりません。そして親御さんの人脈をすべて使ってわが子の出会いのためにお相手を紹介してもらいましょう。

わが子が出会いにあまり乗り気でなくても親御さんがしっかり行動してその姿を見せたら、本人もやらなければならないと思って動き出すかもしれません。「結婚しろ」と口だけで言うのではなく、親もしっかり行動することが大事です。わが子より長年いろんな人とのお付き合いがある親御さんのほうが、紹介してくれる人と出会う可能性は高いと思います。親が結婚した時代は、近所の世話焼きさんや上司などが当たり前のように動いてくれました。それを今、親御さんがするのです。親の婚活応援ではやはり積極的に動いている親御さんが成功されています。

昔のようにお見合い1、2回で結婚まで進んだ時代は終わりました。価値観の多様化、個人主義、結婚していなくても困らない世の中ですから、お見合いをしても相手側から断られたり、わが子が断ったりします。ちょっと合わないだけで簡単に断ります。だからこそ、たくさんの出会いをしなければ結婚まで進まないのです。もしわが子がお見合い相手が気に入らずに何度も断るのなら、そこで親御さんから訊いてみてください。「なぜ断るのか？」「何がダメなのか？」などを。断る理由を毎回はっきりさせる必要があります。何となくというフィーリングは大切ですが、理由をはっきりさせないと相手にも失礼だし、今後の婚活もうまくいかないでしょう。相手のダメ出しばかりしていては、結婚相手を決められません。

誰でもプラス面とマイナス面があります。自分が完璧な人間ではないように、相手もそうなのです。マイナス面を見るのではなく相手のプラス面を見ていきましょう。

婚活では相手を選ぶという感覚が強くなりすぎて、どうしても条件の良い相手を求めようとします。条件の良い異性が自分と合う異性だったら良いのですが、合わないと相手が選んでくれません。**条件の良い異性ではなく、自分に合う異性を見つけてお互いが歩み寄っていかないと結婚まで到達しません。**もしわが子が条件の良い異性を選ぶことしか考えていないのなら、親御さんから話をして気づかせてあげてください。

周囲の人からの紹介は、親御さんでもあまり乗り気でないという方がおられます。どんな人を紹介してもらえるかわからないし、もし条件等が合わなかったらお断りしないといけないからです。こちらからお願いしておいて断ったら紹介者とのその後の人間関係も悪くなるかもしれません。でもそれは仕方がないことです。出会いを増やすためには多少の覚悟が必要でしょう。断ったあとはしっかりフォローするしかありません。断る時はきちんと理由を伝えないといけないし、お詫びもして、紹介者がご縁がなかったから仕方がないと思ってまた紹介してくれるように配慮しなければなりません。

人からの紹介を受けること以外に親御さんにやっていただきたいのは、わが子が知らない婚活情報を代わりにキャッチすることです。今、国が少子化対策として婚活支援に力を入れようとしています。地方の自治体では昔から取り組んでいるところがたくさんありますが、国も動き出すということは、今後も行政が行う婚活支援が増えていくはずです。皆さんがお住まいの市町村や都道府県はどれだけ婚活支援をしているでしょうか？　このような情報は、市町村の広報や新聞の地方面に載っているので、わが子はあまり日頃から見ていないでしょう。自治体の婚活情報を親御さんがチェックをして、出会いがあればその情報を伝えてあげてください。

今後も増えていくであろう自治体主催の婚活支援は、出会いイベントや婚活セミナーが多く、民間とは異なるメリットがあります。まず、参加費が安いことです。費用が安いと、出会いに費用がかかることに抵抗感があるわが子にとって参加しやすくなります。次に主催者に対しての安心感です。どのようなビジネス分野でも良い業者と悪い業者がいます。これは婚活業界も同じです。婚活は見えない商品のため、価格面や信頼面で婚活業者によって差が発生します。民間より公共の方が安心感は高くなるのが当然のことです。

婚活セミナーは、出会いの場でうまくいかない方がどうしたら成功するかのノウハウを手に入れる場です。うまくいっている方はセミナーを受ける必要はないかもしれませんが、なかなかうまくいかないのなら、話だけでも聞いてみると良いと思います。うまくいってない方はやり方を変えていかないと今後も結果がでないでしょう。自分を変えるきっかけとしてぜひ本人に参加してもらうようにお伝えください。

相手選びのこだわりを捨てる

わが子が異性と出会って交際する相手が見つかったら、あとは結婚まで進むかどうかです。今は出会いから結婚まで順調に進むケースはかなり少ないので安心はできません。結婚はただ付き合うだけでいい恋愛と違い、考えなければならないことがたくさんあります。結婚したらどこに住むか、仕事はどうするのか、子どもはすぐに欲しいのか、結婚式はどうするのか――。お互いの将来の希望をすり合わせないと決められません。希望が合わないとすぐに交際を続けることが難しくなります。何も考えずに勢いで結婚してしまい、あとで将来像や価値観の違いから衝突して、やはり難しかったと離婚するよりは、いろいろと結婚前に希望をすり合わせるのが大事なことだと思います。二人で話し合ってやっと歩み寄ることができたとしても、まだ乗り越えないといけないものがあります。**それは相手の親御さんとの関係です。**この本をお読みの親御さんは、婚活の厳しさをもう十分に理解いただいて、わが子と結婚してくれる相手なら細かいことに口出ししないとまで思っていただけたかもしれません。でも世の中の親は皆さんみたいな方たちばかりではありません。**わが子の結婚を相手の親が認めないケースはたくさんあるのです。**

ある女性がお見合いで相手男性と出会い、交際が始まってから3か月ほど経ちました。お見合いの場では、3か月位交際すればそろそろ結婚の意志をお互いに確認し合うことを仲人が勧めてきます。男性とは条件も合いこのまま結婚へ進むと思っていました。男性からプロポーズされて、YESの返事をした後は、いよいよお互いの両親に会うことになります。女性が男性の家に行って挨拶をすると、男性のお母さんは不機嫌な様子でした。そしていきなりお母さんは話し始めました。「結婚式をちゃんと挙げないのは困ります。うちの家の結婚式は必ず親戚一同が集まるのです」と。女性は結婚式にお金をかけたくなかったので、友人だけを呼ぶ会費制の披露宴を行いたいと男性にも話をしていました。男性は納得していたので、結婚式の話が突然出るとは思いもしませんでした。

男性のお母さんは話を続けます。「結婚してもお仕事を続けるから、今の仕事先の近くに住むつもりみたいですけど、どうしてうちの子が譲らないといけないのですか？　この子がそれで良いって言うから仕方ないけど、将来はこの家の隣に土地があるから家を建てて、そこに必ず住んでもらいますからね」。お母さんはここで言わないと息子が相手の意見に流されると思われているのか、はっきりした口調で話されたようです。この日は雰囲気が悪くなり早めに女性は帰りました。結局その後、二人はお別れすることになりました。女性としては男性のお母さんの印象がとても悪く、あのお母さんとはうまく付き合えないと判断したのが一番の原因でした。

もしこの二人の出会いがお見合いではなく、自然な出会いで何年も付き合っていた仲なら、お母さんに対して対応をいろいろと考え、乗り越えられたかもしれません。お見合い後3か月の仲では、まだ距離が十分に近くないので、乗り越える術がなく、あきらめるしかなかったのでしょう。

出会いの後、親が進展を妨げるケースはまだまだあります。わが子は初婚なのに離婚経験者の相手と付き合っているのが気に入らなくて、認めない。近所の世話焼きの人がいい人を紹介しようと相手の身上書を持ってきたら、勤務先が有名な会社じゃないので、断る。または学歴を見て、断る。結婚は恋愛と違い、個人だけの問題ではなく家と家との関係があるので親がかかわるのは仕方がありませんが、目の前の出会いを本当につぶしていいのかを親御さんに考えていただきたいと思います。

わが子に出会いがたくさんあり、この出会いをつぶしてもまだまだたくさん他の候補がいるのなら、構わないかもしれません。でも、未婚のまま30歳を超えたら約7割が結婚できない世の中で、世間体や親の希望を優先すると、わが子は結婚まで到達できないかもしれないことを考え、相手選びには人柄と相性以外はこだわりを捨てることも必要になるのではないかと思います。

わが子が結婚へ進まない原因としてよく聞かれるのが、結婚後、男性側が親との同居を希望することです。息子さんをお持ちの親御さんの中には、お嫁さんは夫の実家で暮らすのが当然だと考えている方がまだおられます。女性にそれを強要する時代はもう終わりました。婚活をしている女性たちに、「相手の親と同居してもいいですか？」と質問したら、ほぼ全員がＮＯと答えるでしょう。男性の中には出会いでいきなり「親との同居はＯＫですか？」と女性に質問する方がおられます。もうそこで相手と先には進めません。ほとんどの女性は男性の親との同居はしたくないのです。同居希望の男性以外から相手を選ぼうとします。同居ではなく、二世帯住宅を建てたり、実家の敷地内に新居を建てたとしても、それは親との同居とあまり変わりません。

娘さんをお持ちの親御さんの中には、男性に婿に来てもらいたい方がおられます。こちらも男性からすると、娘さん本人や条件などにかなり魅力的なものがないと、婿希望の女性以外から相手を選ぼうとします。

同居希望の男性や婿希望の女性も、相手との出会いが自然な出会いによる恋愛から始まっていたら、このような条件でも良かったかもしれません。やはり「自然な出会い」と「婚活の出会い」は異なるのです。家族経営の農家や家族の事情でどうしても親と同居をしないといけない方などは、そのような事情がない方より不利な条件であることを認識する必要があります。その分、出会いにもっと積極的に動いて本気で婚活をしないといけないのです。そして、場合によっては親御さんの過度なこだわりを捨てる必要が出てくることもあるでしょう。

具体的アドバイスをくれる人を見つける

これまでほとんど出会いがなかったわが子が、いざ出会いを作ろうと思ってもそう簡単には進みません。自然な出会いで結婚した同級生のように、友人の紹介や趣味の仲間、仕事先での出会いがあれば、わが子も20代で結婚しているはずです。10代、20代で自然な出会いをしてこなかった人が、30代で自然な出会いを目指しても少し無理があり、出会いの機会を作るのに時間がかかります。**機会を早く作るためにはどうしても婚活の出会いをしていかなければならなくなります。民間の婚活イベント、自治体の婚活イベント、そして結婚相談所（お見合い）での出会いなどが主な出会いの場になっていくでしょう。**お金と時間があれば、これらを利用して誰でもすぐに出会いができます。それらの情報をお子さんと一緒に親御さんもたくさん探してみてください。婚活をしているわが子と同年代の知り合いがいたら、どんなことをしているかを聞いてみてください。結婚相談所の評判や婚活イベントのことをいろいろと聞けるかもしれません。**やみくもに出会いの場に出かけるのではなく、時間を無駄にしないためにまず情報を収集して、わが子にとってどれが一番合っているのかを吟味してから出会いに動いた方が効率的です。**

でも、動いたらすぐに結果が出るわけではありません。これまで出会いをあまりしてこなかったということは異性とのコミュニケーションの経験値がかなり低い状態です。お互いが結婚相手を決めようとする出会いの場ですから、自然な出会いよりも相手を見る目が厳しくなり、選ばれない結果になるかもしれません。

何度か婚活イベントに参加してうまくいかなかった人がその後とる行動は、何パターンかあります。嫌になって出会いの場へ行かなくなり元の状態に戻ってしまう人、失敗していることに気づかずに変わらない自分でまた出会いを続ける人、失敗するのは何か原因があるのではないかと考えて自分を変えようとする人などです。この最後の方たちだけが婚活で結果を出し、結婚に進んでいきます。

出会いの場でうまくいかない原因は、自分ではあまり気づかないようです。特にこれまで異性と接してこなかった人は、自分に何が足りないかがわかりません。異性との出会いがなかったのは、単に自分が積極的に出会いに動かなかったからだと考え、自分の外見やコミュニケーション能力についてはあまり関係ないと思う方もいます。そういう方が出会いの場へ行ってうまくいかない時は、単に相手と縁がなかったと思ったりして、失敗を認識することがないのです。

私は婚活パーティーを主催するのですが、カップリングできずに何度も参加する方がいらっしゃいます。カップリングとは、出会いを求めた異性がパーティーでコミュニケーションを取って最後にこの中でまた会いたい異性に投票し、その結果、お互いを選び合った二人がカップルになることです。カップリングできないとはそこで失敗しているということです。カップリングは難しいことですが、3回に1回はカップリングしたいところです。何度も参加してカップルになれないのは必ずご自身に原因があります。その原因を解決しない限りまた失敗することに、気づいていただきたいのですが、失敗を認めることができない方が多いです。一方、うまくいかない原因を追求してそれを改善できる方は、カップリングができる可能性が高まります。

婚活パーティーだけでなく、いろいろな出会いがありますが、参加すれば必ず成功するというものはありません。**それぞれご本人に合う出会いや合わない出会いがあり、各出会いにメリット、デメリットがあるからです。**出会いでうまくいかない場合、その原因をご自身で気づけたら良いのですが、自分のことはよくわからないこともあります。その時に近くにいる友人や知人、親御さんがアドバイスをしてあげられたら良いのですが、あまりに近い存在なので、本人を傷つけたくないと気を遣い、なかなか指摘できないでしょう。

身近な人の代わりに婚活のプロの方から具体的アドバイスを受けられると失敗する原因を改善することができます。私の婚活セミナーの仕事はそういう役割を担っています。でもセミナーでは個々の事情まで聞きとれないので、やはり個別にアドバイスしてくれる存在があれば頼もしいでしょう。このような具体的婚活アドバイスをしてくれる出会いがあります。それは結婚相談所というシステムです。

結婚相談所とは、独身の入会者が自分の希望する異性を登録者の中から紹介してもらい、お見合いをしてお互いが良ければ結婚まで進むというシステムです。周囲の人からの紹介や趣味の仲間などの自然な出会いと異なり、料金を払えばすぐに出会いが可能になる仕組みです。しかも登録している人たちは、結婚を希望しているので、出会いから結婚までの月日が早いという大きなメリットもあります。ただし、紹介してもらえてもお互いが会うことを了承しないと会えない仕組みのため、登録して何か月もお見合いができずにそのままやめてしまうこともあります。

親御さん向けのセミナーをしていると参加者の親御さんから「結婚相談所に行こうと考えていますが、どこの相談所が良いでしょうか？」という質問を何度も受けます。独身者本人からも同じ質問を受けています。私は「登録者やお見合いまでのシステムはどこでも一緒ですが、料金とアドバイスには差があります」と答えています。登録者はどこの相談所のシステムでも、条件が良い人もいれば悪い人もいます。年齢も様々です。例えば医者や公務員など特定の職種を専門にしている業者以外は、登録者の条件についてはは大きな差はないと思います。

結婚相談所によって大きな差が出るのは、担当してくれる方が婚活のアドバイスをどれだけしてくれるかです。ここが結婚相談所の最大の存在意義だと私は思います。その名前の通り、結婚への相談に的確に答えてくれるかどうかなのです。婚活の出会いの場である婚活パーティーや街コンのイベントなど、自然な出会いである友人の紹介や趣味の仲間や仕事の出会いなど世の中にはたくさんの出会いがありますが、本人に具体的にアドバイスしてくれる仕組みは結婚相談所しかありません。婚活でなかなか結婚に進まない方は何か失敗をしている可能性が高いので、やり方などを変えていかないと結婚まで到達しません。それを誰かがアドバイスして結婚まで進みやすくしてあげなければならないのです。それができる結婚相談所は、数ある出会いの中で最強の出会いシステムだと私は考えます。でも残念ながら、世の中の結婚相談所で具体的アドバイスを親身になって的確に本気でやっているところはあまり多くありません。具体的アドバイス以外のところでお金を取ろうとしているように見受けられます。

利用者の中には、婚活がうまくいかないことを担当者に相談せず、結婚に進まないのはこの相談所のシステムが悪いと考え、いろいろな結婚相談所を渡り歩く人がいます。相談員になぜうまくいかないのか、自分に何か原因はないかを指摘してもらう必要があったのです。**利用者から相談がなくても、担当の相談員からうまくいかない原因を正直に伝えていたら、その結婚相談所は本来の仕事をしているといえます。**

結婚相談所を利用する側も結婚相談所の意味に気づいて、このシステムを最大限に活かすように考えないといけないと思います。結婚相談所は結婚をさせてくれるところではなく、利用者の婚活を応援して悩みを解決したり、うまくいくためのアドバイスをしてくれるところであり、そしてお見合いという出会いもついてくると考えれば良いと思います。

結婚相談所を選ぶときは、何件か話を聞いて、登録データ（趣味や自己ＰＲなど）の作り方、どうしたらお見合いがたくさん組めるか、婚活で理想的な服装、お見合いで気をつける点などいろいろと質問をして、親身になって的確に答えてくれそうな相談所を選ばれると良いと思います。その相談所に登録して活動をしていくうちに、いろいろと相談したいことが出てきたらどんどん質問すべきです。お見合いのことだけでなく、その結婚相談所以外の活動（自然な出会いや婚活パーティーなど）にも親身に答えてくれる相談所なら、本物でしょう。あまり質問に答えてくれなかったり、お見合い以外の活動をしていると嫌がる相談所はお勧めしません。世の中の結婚相談所の会員が全員結婚できていたら、結婚相談所だけの活動をすれば良いと思いますが、そうではないのでお見合い以外の出会いも広げていかないといけないのです。

最近、行政も婚活支援に力を入れているため、公共の結婚相談所がある自治体があったり、世話焼きの人を地域に作ろうと結婚相談員制度のようなことを行っている自治体があります。これらは低料金だったり無料で行っていたりするので情報を取り入れて積極的に活用しましょう。

親があきらめたら終わり！

婚活の難しさは経験した者にしかわかりません。これまで経験のない人はやればなんとかなると思っているかもしれませんが、婚活をすればするほど思うようにいかないことが実感できます。婚活の期間が長くなればなるほど、自分と結婚の可能性が高い年齢層の相手がどんどん減り、また始めた時とは相手の条件などが変わり、「前に会った相手のほうが良かった」という状態におちいります。そうなると婚活していることがつらくなってきて、良い相手と結婚できないのならもうずっと独身でもかまわないということになってしまうのです。

30代後半や40代から始めた人はスタートが遅い分、少しやってみてうまくいかなかったらあきらめるのも早いように感じます。出会いを求めて行動しても自分が考えている良い相手と出会えず、これまで独身で長年仕事や生活をしてきたので、これからもこの状態がまた続くだけだからと、出会いを求めることをやめてしまいます。とくに親と同居をしていたら、親に何かない限りは独身でも困ることがあまり起こりません。世の中にたくさん自分と同じ独身者がいるのだから、焦ることなくかえって安心したりします。このような社会に影響されて、結婚することをわが子が選ばなくても、他人はなんとも思いません。それぞれの人生だから自分で結婚するかしないかを選べばいいし、独身で生きることも多様なライフスタイルの一つだと思われています。

今、国や県、市町村が婚活支援に乗り出しています。少子化を止めるために多くの人々に結婚して子どもを増やして欲しいということです。でも予算もやることも中途半端で、担当者も仕事だから婚活支援をやっているところが多いように感じます。どんなに予算をかけて出会いを作ったとしても、動くのは一部の独身者たちで、出会いのために行動していない未婚者を結婚に進ませることができていません。そうすると、成果がでないということで、婚活支援から撤退していきます。

20代までに自然な出会いがなかったり、あったとしても結婚まで至らなかった方が、婚活で出会いを求めても30代以降で結婚を決めるということはとても難しいことを多くの方がわかっていません。婚活業界でたくさん現場を知っている仲人などプロの方は、婚活が難しいことを知っていても、結婚したいというお客さんに「婚活は考えている以上に難しい」などとても言えません。

わが子の結婚について本気で考えてくれる他人は誰もいないのです。よってわが子の結婚を本気で考え悩み、動かそうと一生懸命尽力できるのは、親御さんしかいないと私は思います。

親御さんがわが子の結婚を心配しているのなら、わが子は人生の岐路に立っているのでしょう。残りの人生で家族を作るのか作らないのかの岐路です。本人は自分がこの岐路にあることを気づいていません。ここで親の考えをしっかりわが子に伝えて人生の選択を考えてもらい、それを全力で応援する。これができるのは親御さんしかいないのです。結婚のことでわが子とケンカになったり、なかなか婚活がうまくいかな

いわが子を身近で見ていると、無理して結婚をしなくてもいい、独身でもいいのではないかとわが子の結婚をあきらめる親御さんがいます。親御さんがいなくなってからのわが子の人生を思い、もし家族を持ってほしいのならば、親御さんが来し方に思いを馳せ、やはり家族が必要だと思うのなら、ここであきらめないでいただきたいです。他人は何もしてくれません。最後に頼れる親もあきらめたらここで終わりなのです。

わが子を結婚に導いたあるお母さんが本気で動いたきっかけは、近所の80歳過ぎのおばあさんに言われた「子どもが20歳になったからといって、親の責任が終わるわけではないのよ。子どもが結婚するまでが親の責任なのよ」という言葉でした。それから子どものためなら何でもすると決意を固められたそうです。

わが子に何があっても最後まで味方になれるのは親であり、そういう存在でありたいのが親です。**結婚しなくても困らないと思える世の中で、多くの未婚者が結婚をあきらめる現状を変えられるのは、親御さんしかいません。**

4章の POINT

- お母さんだけでなく、お父さんも婚活に参加を
- 兄弟姉妹、親戚にも婚活に協力してもらおう
- 常にお子さんの身上書を持ち歩き、出会いにつなげよう
- お子さんの代わりに、自治体などの婚活情報をゲット
- 結婚相談所は、担当者が親身にアドバイスしてくれるところがおすすめ

5章

「親の代理お見合い」って何?

親の代理お見合いの誕生

２００３年６月頃、親御さんが本人の代わりにお見合いをするイベントがあるという新聞記事を見つけました。当時、結婚支援の業界に入ったばかりの私にとって、とても驚くと同時にどんな風に行われているのか大変興味を持ちました。

その記事によると、２０００年11月に札幌の結婚相談所「オフィス・アン」を運営している斎藤美智子さんが日本で初めて「親の代理お見合い会」を開催したと紹介されていました。子どもの結婚を心配した何十人もの親御さんたちが一つの会場に集まり、わが子に代わって結婚相手を探します。まだ「婚活」という言葉が誕生する前で、当時の結婚支援の業界では、お見合いをするための結婚相談所があったり、出会いパーティーなどが開催されていました。今のように多くの結婚相談所はありませんでしたが、昔ながらのお見合いが全国各地で行われていたのです。

お見合いは、結婚相手を探す独身者が結婚相談所に登録して、お互いの希望に合った相手を紹介してもらって会うことになります。当然、独身者本人が行うものなので、親がわが子の代わりにお見合いをするという代理お見合いが当時は少し違和感があり、この話題を紹介するマスコミでもその点にふれていました。結婚するのは子ども本人なのに、親が勝手に動いてうまくいくのか?という疑問です。それについては、主催者側は親が動くことはわが子にとってもメリットがあるとコメントしています。**仕事が忙しくて相手探しをする時間がないわが子に代わって親が行動し、親同士が子どもに代わって話を進めていくことが、家と家とのつながりである結婚において安心して取り組むことができるということです。**

この親の代理お見合い会の様子がテレビのニュースで紹介されると、結婚支援業界では大きな話題となり、同じようなことを行う団体や企業が少しずつ全国に広がっていきました。当時、私は親御さん向けのセミナーを開催していたので、わが子の結婚を心配する親御さんとお話しする機会がたくさんありました。親御さんと話をすると親の代理お見合いをニュースで見たという話題となり、ぜひ参加してみたいという声が多かったことを覚えています。わが子が結婚するためにはまず必要なのが出会いであり、積極的に動く気配がないわが子を身近で見ている親御さんにとっては、本人の代わりに出会いを見つけに行くことができる親の代理お見合い会は、とても魅力的に感じられたのではないかと思います。

親がわが子のために出会いを探すこの画期的な仕組みはすぐに爆発的にヒットするのではと思いましたが、団塊ジュニアが30歳前後だった当時では、わが子の結婚を心配する親御さんの数がまだまだ少なかったため、ここ10年でわが子の年齢が高くなるにつれ少しずつ確実に広がっていくことになりました。そして今は、全国で数十の団体や企業が「親の代理お見合い会」を開催。開催数が多い団体では約10年の間に全国で200回以上開催し、何万人もの親御さんたちがわが子の将来を心配して代わりに行動しています。参加費用は大体、どの団体も1人1万円程度です。

親の代理お見合い会のシステムは主催団体により若干異なりますが、おおむね次のような流れになります。

①まず、開催されるお見合いイベントに申し込みます。申し込みの際、お子さんのプロフィールが必要になります。申し込み後、事前に当日参加者のリストが主催者から郵送されてきます。又は当日配布される場合もあります。このリストには参加者のお子さんの年齢、住所、学歴、職業、趣味など簡単なプロフィールが記載されており、これをもとにあらかじめ誰の親御さんと話をしたいかをリストアップしておきます。

②当日、話をしたい親御さんの席に行き、お子さんの身上書（プロフィール）と写真をもとにお話をします。

③親同士がお互いに同意すれば、身上書と写真、連絡先を交換します。

④家に帰って、子どもに交換してきた身上書と写真を見せて報告をします。

⑤本人が会いたいと思ったら相手の親に連絡を取り、お互いOKならお見合いの日を決めます。断る場合には、預かった身上書と写真を相手の親に郵送でお返しします。

⑥お見合い場所はホテルの喫茶スペースなどが多く、お互いの親も同席したり、本人同士だけで会う場合もあるようです。

このように親御さんが仲人の役割をはたし、わが子の代わりに出会いを見つけてくるシステムが「親の代理お見合い会」です。主催者は出会いの場を提供する役割で、参加費用以外はとくに料金は発生しないところが多いです。お見合いの進め方やその他のアドバイスは主催者側に問い合わせれば対応してくれます。今後も未婚化は進みますので、親が代わりに行動する婚活の出会いとしてこれからも広がり続けるでしょう。

親が代わりに動くメリット

婚活のことをよく理解していないマスコミは、親の代理お見合いを紹介する際に、たまにではありますが批判めいたコメントをすることがあります。テレビ番組のコメンテーターが、「自分で結婚相手を探せないのはどうかと思う」など表面的な部分しか見ていない発言をするのです。

しかし、世の中の結婚している人たちがすべて自分自身で相手を見つけたわけではありません。友人の紹介や仕事関係者からの紹介など、誰かが相手を紹介してくれたケースはたくさんあり、親の代理お見合いはただそれが親をきっかけに始まっただけに過ぎないのです。いま多くの方が利用している結婚相談所は、お金を払った人に、出会いを提供していることになります。結婚相手と出会うきっかけはいろいろとあり、どんな出会いであったとしても最後は本人同士が結婚を決断することには変わりはありません。

出会いのきっかけが減っていく30代以降にとって、親が行動して出会いを作るこの親の代理お見合いは、出会いの大きなメリットがあると言えます。特に親が心配して代理お見合いをしなければならないと思ってしまうほどのわが子には、日常でほとんど異性との出会いがないかもしれません。これまでも異性との出会いが少ない、又はなかったとしたら、さらに状況は悪化していきます。そして仕事が忙しいならなおさら出会いは作れないでしょう。親の時代なら、自分で出会いを探さなくても周りの人が動いてくれました。近所の世話焼きの方や会社の上司などが結婚相手を探してくれましたが、今はもうそういう時代ではなくなりました。

わが子の結婚に関して、周りの人は何もしてくれない時代の中で、親の代理お見合いは貴重な手段だと思います。親が探してきたお見合い相手となんて会いたくないと思う独身者もいるかもしれません。しかし、親の代理お見合い会に参加している親御さんの息子さんや娘さんは、親が探してくることにあまり抵抗がないという方々ですので、けっこう本人たちは似た者同士ということが考えられます。

お見合いという出会いの仕組みは、自由恋愛にはない様々なメリットがあります。一番大きなメリットは、結婚相手として判断するための相手の条件が、事前にある程度わかることです。結婚は恋愛と違い、相手を好きという感情だけでは乗り越えていけないことがいろいろとあることは多くの人が知っています。家族としてその後の人生を共に歩む結婚相手は、経済面や生活スタイル、価値観などを共有できる関係であれば結婚生活を順調に送ることが期待できるでしょう。年齢、職業、年収、学歴、結婚歴、家族構成など、どの条件を重視するかは人それぞれですが、前もって条件がわかった異性から相手を選択できることは、他の出会いではありえないことです。

またこれらの条件はお付き合いしていけばわかってくることもありますが、直接聞きづらいこともあり、すべてを知るには時間を要してしまいます。10代20代なら自由恋愛でゆっくり相手を見極める時間はありますが、30代以降になればそのような時間も十分にはとれないのです。親の代理お見合いは時間の無駄を省くというメリットを活かすことができ、しかも親御さんも相手の条件を最初から知ることができます。自由恋愛のように本人同士が結婚を決めてから、親御さんが相手のことを知るという順番ではないので、親子間のトラブルも防げるでしょう。代理お見合いを進めていくうちに、親子での結婚に関する会話も増え、親御さんの思いや考えもあらかじめわが子に伝えることができます。

　お見合いのメリットはまだまだあります。日常生活の中で、結婚を考えている異性に会えることはめったにありません。とくに今の時代のように結婚していなくても困らない世の中では、積極的に結婚しようと考える方はますます減っていくでしょう。そんな状況でもお見合いの仕組みを利用しようとする人は、同じように今、結婚を前向きに考えている貴重な存在なのです。**親の代理お見合い会には、本人も親御さんも結婚に前向きな方々が集まるということです。短期間で結婚相手を探すのであれば、なかなか出会えない自然な出会いを求めるよりも断然結婚に近づくチャンスがあ**

るはずです。

そして、親の代理お見合いの最大の特徴は、まず初めに親同士が会って話を進めるということです。結婚は決して二人だけの問題ではありません。結婚後の生活は、相手の親との関係が重要になります。結婚式をどうするかや結婚後も今の仕事を続けるか、新居をどうするかもお互いの親の考えや状況なども考慮しなければならないこともあります。交際中のカップルが、相手の親の反対によって結婚できなくなってしまったケースは、婚活の世界ではたくさんあるのです。

親の代理お見合い会では、わが子にとってこの親御さんとでは義理の親子関係が円滑にいかないだろうと判断すると、きっと話は進まないでしょう。親同士の判断が合致し、本人同士の相性も良ければ結婚へはスムーズに進むことになります。もし交際途中でうまくいかなくなっても、知り合いの紹介や上司の紹介などではないため、丁重にお断りすれば後で気まずい思いをすることもないのです。

もちろん、親の代理お見合いはメリットばかりではありません。実際に家族となる相手となると、どうしても条件重視となるため、結婚相手として魅力的な方に人気が集中してしまいます。でもそれは本人たちの出会いであっても同じことが起こります。また、代理お見合いでは当日に本人たちが会うわけではないので、二人が会うためのセッティングを親御さんがしなければならず、時間と労力がかかります。1回参加したくらいでは簡単に決まらないものですので、わが子のために根気よく通い続ける覚悟が親御さんには必要になるでしょう。わが子が年を取るにつれ親御さんもだんだん高齢になってきます。そうなると親御さんにさらに負担がかかってしまいます。わが子に結婚して欲しいのであれば一日でも早く親御さんも行動することが大事だと思います。

「親の代理お見合い会」レポート

実際どのように「親の代理お見合い会」が行われているのか、3つの団体を取材しました。それぞれの当日の様子と参加者のお話、ご担当者へのインタビューをご紹介します。もし参加してみたいと思ったら、ぜひ問い合わせてみてください。

①「良縁の会」プロジェクト

ミサワホームのグループ会社であるメディアエムジー株式会社が主催する親の交流会は、これまで全国各都市で多数の開催実績があります。担当者の方は大手結婚情報サービス会社で長年経験がある女性で、毎回全国の会場で多くの親御さんのご相談にも対応されています。

◇◇◇◇◇◇◇◇◇◇◇◇◇◇◇◇◇◇◇◇

メディアエムジー株式会社

東京都新宿区西新宿2―4―1　新宿NSビル5階
TEL　03―5339―8505
ホームページ　http://www.mediamg.com/ryouen/

2016年1月

「良縁の会」プロジェクトの代理お見合い会（東京駅近くにて）

会場には約100名の親御さんが集まりました。会場の左半分には息子さんをお持ちの親御さん、右半分には娘さんをお持ちの親御さんが座り、人数はちょうど同じくらいです。開始前の会場では、皆さん事前に郵送されてきた参加者リストを熱心に眺めています。参加者リストには、お子さんの年齢や学歴、職業、婚歴、相手の希望など約30項目が並んでおり、個々に番号が振られ、お名前は載っていないのでリストからは個人の特定はできません。親御さんは事前に、このリストを見て当日誰に話しかけるかをあらかじめ決めておきます。リストを拝見すると、参加者は東京都内だけでなく関東一円から来られているようでした。母親が多いと思っていましたが、夫婦で来られている方や父親だけが来られている席もあり、会場は熱気に包まれています。

司会者の開始の挨拶が終わると、まず息子さんをお持ちの親御さんから移動して、話をしたい娘さんをお持ちの親御さんの席まで行きます。お互いの子どもの身上書と写真を見せ合い、どちらかが合わないと思ったら交換はせず、双方が気に入ったなら身上書と写真の交換になります。これを自宅に持ち帰り、わが子と相談して、お見合いをするかどうかを決めます。わが子が気に入ったら相手方と連絡を取り合い、相手方もＯＫならばお見合いに進みます。わが子が気に入らなかった場合は身上書と写真

「良縁の会」プロジェクトのイベント。気になる相手の親御さんと身上書の交換。

を相手方に書留や宅配便など記録の残る形で返却します。

1時間ほど息子さんをお持ちの親御さんが動いて、次は娘さんをお持ちの親御さんが動きます。一人の方に複数の方が順番待ちをしているところもありました。13時30分にスタートした会は16時頃に終了しました。

せっかくの出会いの場だからと、一人がたくさんの相手と交換しているのではないかと想像していましたが、そうでもありませんでした。

実際は一人が5人分くらい身上書と写真を用意して、早い段階で交換を済ませたら残りの時間は、隣の席の親御さんたちが雑談をしているようです。これはあらかじめ参加者リストで相手をしぼっていることと、多くの方と交換をしてしまうと連絡のやりとりや返却の手間も発生するので、何度か参加している親御さんたちはたくさんの方との交換をしていないようでした。初めて参加する親御さんは、どのように動いたら良いかの要領がつかめないようなので、やはり何度か参加して経験を積むことも大事なのではと思います。

イベント参加の親御さんのお話

●37歳の娘さんをお持ちの親御さん(母親)

2年ほど前から「良縁の会」プロジェクト以外にも、合わせて5回くらい代理お見合い会に参加しています。普通のお見合いは、知り合いなどに声をかけてもなかなか話が進まないし、うまくいかないこともあり、機会がないのでこのような会に参加してみました。最初の頃は身上書を持ち帰っても娘は断ってばかりいましたが、会ってみないとわからないからと説得して、これまで本人同士で3、4人と会いました。親同士が会うことは、家庭の雰囲気がわかって良いのですが、親御さんの印象も大切です。中には息子さんの自慢話を一方的にする親御さんもいました。何度か参加すると、持ち帰っても娘が気に入らない相手のタイプがわかってくるので、返す手間を考えて、身上書交換をしない時もあります。娘は今日も独身の友だちと遊びに行っています。

娘はこのままずっと独身でもいいかなとどこかで思っているところもあり、それは寂しいよといつも私が言っています。そんなに条件の合う人はいないから、ある程度は妥協しないといけないんじゃないかと思います。これからも参加しようと思っています。結局私が行動しないと娘はこのまま結婚しないような気がして、親としてできることをやっていきたいです。友人は子どものために結婚相談所に何十万円も払っていましたが、気軽に参加できる料金のイベントが良いと思います。

●36歳の息子さんをお持ちの親御さん(母親)

これまで8回ほど参加しています。今日は3人の親御さんと、身上書と写真を交換しました。参加者が多いより、少ないほうが話しやすいです。昨年4月に参加した時は、頑張ろうという気持ちが強かったので1回で14人ほどの親御さんと交換しましたが、持ち帰って息子が気に入ったのは二人だけで、しかも相手の方からは良いお返事をいただけませんでした。他の娘さんからは良い返事をもらったのですが、息子が断りました。こちらが良くても相手の方がダメで、相手が良くてもこちらがダメで、なかなかうまくいきません。結局、交換した14人全員の身上書と写真を返却するのが大変で、あまり多く交換してもいけないと思いました。

昨年7月は5人と交換して、その中の一人と半年お付き合いしましたが最近別れてしまったので、今回また参加することになりました。息子は別居しているので連絡を取るのが大変です。本人は婚活していません。あまり結婚を焦っていないようです。父親も心配しており、40歳までになんとか決めたいというのが夫婦の願いです。参加者リストで見るところは、相手の方の年齢ですが、息子は写真の印象で決めているようです。親同士が事前に会えるのは安心感がありますので、今回交換した結果次第ですが、また参加すると思います。

「良縁の会」プロジェクト担当者・小林美智子さんのお話

今回は久しぶりの東京開催で参加人数が多くなりましたが、地方都市では20名対20名位の規模が多いです。申込者は大人数の参加を期待する方もいらっしゃいますが、実際は少ない人数のほうがゆっくりと話せるためご縁が結ばれやすいようです。条件が合わないと思っていたけど、少し話してみるとすごく話しやすい親御さんで一度会ってみましょうということになり、本人たちも気が合って結婚まで進んだケースもあります。身上書記載の条件だけで判断するのではなく、たくさんの方と交流し、お子さん同士が会う機会をもっと作っていただきたいです。人数が多い会はたんなる身上書集めのイベントになってしまうのです。イベントに参加して1年以内に結婚される方も多く、事前に親御さんが会っているのであとは本人たちが良ければ結婚まで早く進みます。成婚まで進む親御さんは、お母さんも頑張っておられるし、お父さんも十分理解があるご夫婦が多いです。夫婦のバランスが大事なのだと思います。

最近は20代の娘さんをお持ちの親御さんの参加も増えてきました。50代の親御さんが職場で30代40代の独身者を見て、自分の子は早めに結婚して欲しいと思って参加されたのではと思います。全国で開催しているので地方に行くと、東京にいる子どもに合う相手はいないかと親御さんから相談を受けたりします。単なるイベントにならないように親御さんからの悩みや相談は積極的に受け付けており、親御さんへのフォローは他の団体よりも充実していると思います。

②「ひまわり交流会」

◇◇◇◇◇◇◇◇◇◇◇◇◇◇◇◇◇◇◇◇◇◇◇◇◇◇◇◇◇

株式会社フロンティアインターナショナル（業務内容：イベント企画制作運営）が主催する親の代理お見合い会です。5年前より東京、大阪、名古屋で定期的に開催しています。インターネットで上位に検索されるため50代60代の比較的若い層の親御さんの参加が多いのが特徴と言えます。

株式会社フロンティアインターナショナル

東京都渋谷区渋谷3－3－5　NBF渋谷イースト

TEL　03－6823－1397（ひまわり交流会事務局本部）

ホームページ　http://himawari-network.jp/

2015年11月
「ひまわり交流会」の代理お見合い会(新大阪駅近くにて)

会場には約30名の親御さんが集まりました。息子さんと娘さんの割合は約半々です。この会は参加リストを作らずに、参加者は2枚以上の指定の身上書と写真を用意します。1枚の身上書と写真は、会場内で一覧掲示することになり、当日にどんな相手が来ているかを把握します。14時頃に主催者の開始挨拶から始まり、最初は1組5分ずつ順番に親御さんと身上書と写真を見せ合いながら個別に話していきます。これによりお相手全員と話すことができます。これは、独身者本人の出会いパーティーと同じ形式で、まず個別で異性全員と話すことにより、どんな人が参加しているかがわかります。次に会場内にお子さんの身上書と写真を並べて配置し、それを親御さんが一斉に閲覧する時間がありました。皆さん真剣に相手のプロフィールを眺め、メモをしています。

ひまわり交流会の代理お見合い会では、会場に置かれているプロフィールシートを確認。

参加者の親御さんの息子さんは30代の方が多く、娘さんは20代の方もおられるようです。全体的に若い層が多い印象でした。身上書の閲覧タイムが終わると、あとは自由にお話できるフリータイムになります。1対1の個別タイムで、身上書の閲覧で気になった相手に自由にアプローチができます。

親御さん同士お互いがＯＫなら、身上書と写真を交換して、持ち帰ってわが子と話し合ってお見合いをするかどうかを決めます。どちらかがお断りするようなら、身上書と写真は相手側に返却します。

約2時間半の会は、独身者本人の出会いパーティーを代わりに親御さんが行っている印象でした。

「ひまわり交流会」担当者・江上裕史さんのお話

親御さんはネットを検索して参加してくる方が多く、情報関心度が高いように思います。息子さん娘さんともに高学歴で仕事が忙しい方が多いようで、30代前半が一番多い年齢層です。

やはり東京開催のほうが人数は集まりますが、参加者が多すぎると親御さんが疲れてしまうので、20名対20名位がちょうど良いと思います。

親御さんもお子さんも、相手の年齢にこだわる方が多く、娘さんは他に男性を学歴、職業、年収で決めているようです。息子さんは条件より写真の印象で女性を決めている方が多いようです。

成功しやすい親御さんは、イベントで積極的に話しかける方です。反対に、プライドが高くて厳格な親御さんは条件を重視するために、なかなか先に進みづらいように思われます。今後も親の代理お見合いをする団体はどんどん増えていくだろうと思います。

③自治体の親御さん婚活支援「本庄市社会福祉協議会」(埼玉県)

埼玉県の本庄市で親御さん向けの講演会と交流会があったので取材をさせていただきました。

イベントは本庄市社会福祉協議会と近隣の美里町、神川町、上里町の各社会福祉協議会が合同で行っています。日頃は、各地域で結婚相談を行っていますが、親御さんからの問い合わせが多く、いつも独身者本人向けのイベントばかりなので、今回は親御さん向けのイベントを行うことにしたそうです。

親御さん向け講演会と、せっかく同じ悩みを持つ親御さんが集まるのだから、その後に「親の代理お見合い会」のような交流会も開催できればとのことでした。講演会の講師は私が務め、交流会の進行もお手伝いさせていただきました。

2015年10月
「本庄市社会福祉協議会」の代理お見合い会(本庄早稲田駅近くにて)

第一部の親御さん向け講演会には114名の方が集まりました。今の時代、わが子が結婚まで進むことは親御さんが考えている以上に難しいことや、全国の親御さんの成功例、どうしたら結婚に進むのかなどをお話しすると、皆さん熱心に聴いておられます。参加者の反応はとても良く、すぐにでもわが子のために動かないといけないという気持ちが伝わってきました。第2部の交流会は、定員30名のところ事前申し込みが定員を超え、関心の高さがうかがえました。

ただ、参加者は息子さんの親御さんが36組、娘さんの親御さんが10組で、男女比が大きく違いました。これは地方になるほど未婚男性の比率が高く、本庄市は人口約8万人のうち30代40代の未婚者は男性約4千人、女性約2千人と、男性がかなり多く、息子さんをお持ちの親御さんにとっては厳しい現実を感じたと思います。

また予定時間が1時間だったので、アンケートではもっと時間が欲しかったという声が多数ありました。初めての開催でしたので参加者の多くが今後も開催を希望しておられました。

交流会後は、報告があるだけで4組の方が「親御さん同士で連絡を取っている」、「子ども同士が会った」、「これから子ども同士が会う予定」といったように、交流を続けているそうです。

「本庄市社会福祉協議会」担当者のお話

私たちは、自治体における結婚相談所の役割を担っています。毎週相談日を設けて、数名の結婚相談員が交代でお見合いの相談をしています。

登録者の人数は、本庄市で男性約１６０名、女性約60名。近隣の上里町、神川町の登録者も閲覧することができるので、もう少し多くの中から相手を探すことができます。登録者は相談日に相手のデータを閲覧してお見合い希望を出します。お互いの希望が合えばお見合いへ進みます。

それ以外に年2回、出会いパーティーも開催しています。親御さん向けのイベントを行うことを考えたのは、結婚相談日にはご本人以外に親御さんが相談に来ることも多く、関心が高いので、親御さんからお子さんをもっと出会いの場へ動かしてもらいたいと思ったからです。

未婚者が多く、結婚に向けて動いていない方がたくさんいる中で、彼らに意見できるのは親御さんしかいないと思います。周りの人はあまりうるさく言うと嫌われるので、上司も友だちも誰も言ってくれません。

今回のセミナー後、結婚相談所の申込書を30枚用意していたのがすべてなくなり、親御さんもやる気になった様子だったので良かったです。今回の講演会と交流会を今後の事業運営にしっかり反映させて、さらに良いものができるよう努力していきたいです。

婚活支援における「民間」と「行政」の一番大きな違いは、料金で、行政が行うものは無料もしくはわずかな料金で済むことです。料金がかかると負担に感じる方もいるので、行政が行うという安心感とともに、今後も自治体が行っていく意味は大きいと思います。

そして、同じ地域の身近な結婚相談員が、毎週、話を聞いてくれるという仕組みを、ぜひご本人も親御さんも有効活用してください。

代理お見合い会で成婚した親御さんのお話

親の代理お見合い会をきっかけに２０１１年に娘さんが結婚された東京在住のＭさんにお話を伺いました。Ｍさんは「良縁の会」プロジェクトからご紹介いただきました。Ｍさんが親の代理お見合い会のことを知ったのが、娘さんが32歳の時でした。タウン誌の広告で見つけたそうです。日頃より娘さんの身上書と写真を常に持ってお見合いの紹介を求めていたくらいですので、すぐに旦那さんと娘さんに話をしてイベントに申し込みをしました。「思い立ったらすぐに行動するタイプなの」とお話しされるＭさんは、とても元気ではつらつとした方です。娘さんのためならどこへでも出かけるお気持ちがあり、２度目のイベントで12名の方と身上書を交換され、うち４名とお会いすることになりました。そのうちの一人の２歳年上の男性が娘さんの旦那さんになられました。先方のご両親と最初にお会いした時に、何かご縁を感じたそうです。

先方の親御さんもこのご縁にとても乗り気で、最初のお見合い日の翌週には先方の自宅に招かれ、その翌週にはMさんのお宅にご家族を招かれました。娘さんの交際が進む中、Mさんはあくまでも強要せずに「最後はあなたが決めなさい」と話したそうです。相手の親御さんの雰囲気から、きっと娘を大事にしてくれるだろうという確信は持っていました。結婚は本人たちだけでなく、相手の家族との関係が大事だとMさんは話されます。

そしてイベントから1年も経たずに娘さんは結婚されました。取材の時に、Mさんは結婚式の写真や娘さんが読んでくれた手紙を大事そうに見せてくれました。現在は、月に2、3度、娘さん夫婦とお孫

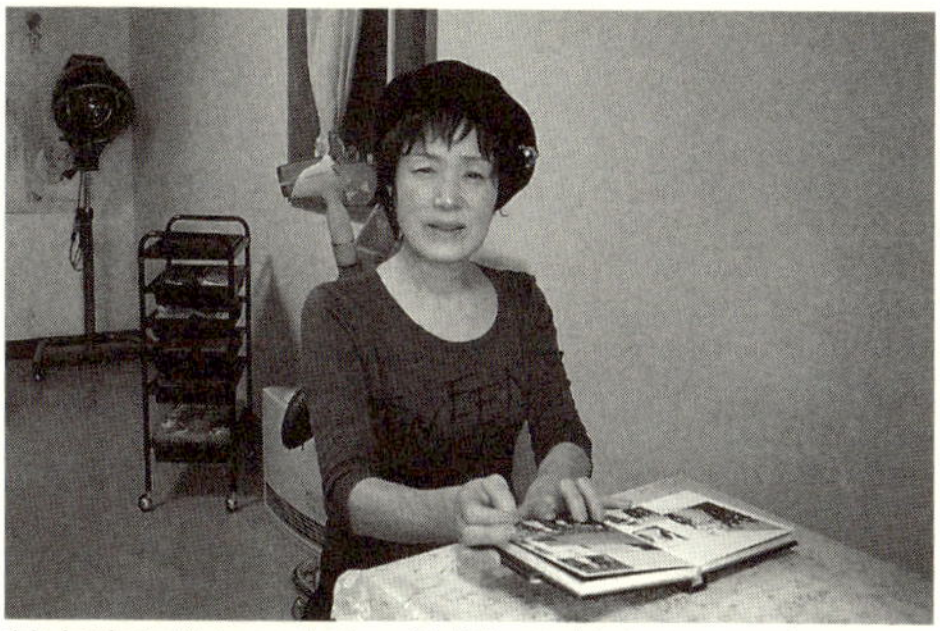

美容院を営むMさん。結婚した娘さんの写真を見ながらにこやかに話す。

さんが住むマンションに会いに行かれるそうです。

最後に、わが子の結婚に悩むたくさんの親御さんに何かアドバイスをいただけないかとお聞きしました。「多くの親御さんが悩んでいると思います。でも多くの人が動いていないと思います。**行動がともなわないとダメです。あと、高望みをせず、条件にこだわりすぎないこと。5つ自分の希望の条件があるとしたら、そのうち2つか3つ当てはまっているくらいでいい、と思うことですね**」と笑顔で力強く答えていただきました。

5章の POINT

- 「親の代理お見合い会」でお子さんの代わりに親同士で婚活!
- 何度か参加するとコツがつかめる
- 親の代理お見合い会は、相手の学歴、職業、家族構成などの条件が事前にわかる、親同士が会うので、将来家族となる相手の家庭の雰囲気がよくわかることなどのメリットがあるが、親御さんに労力がかかる

6章

親が教える
わが子の婚活力アップ

出会いでうまくいかない大きな原因は二つ

わが子が出会いのためにやっと行動するようになり、親御さんも努力されてお見合いの話を持ってきたとします。でも、いろんな相手と会ってもうまく進まない。わが子が婚活イベントに出てもうまくいった話をしないということが起こると、あとは本人に任せてそっとしておこう、そのうち良い結果がでるだろうという心境になるかもしれません。婚活してもなかなか結婚に進まないのは、何らかの原因が必ずあります。婚活が長期化してしまう方はこの原因が自分にあることに気づかずに、他人のせいにしてしまい、その原因を改善することをしないのです。そのため、また出会いをしても同じ結果しかでないことになります。

もしわが子が婚活でうまくいっていなかったらそっとしておくのではなく、親御さ

んが婚活の状況をそれとなく聞き出して、うまくいかない原因をつきとめる努力をしましょう。うまくいっていないことを親に知られるのは恥ずかしいので、話をしてもわが子はごまかすかもしれませんが、それでも雑談の中でいろいろと話せる関係を少しずつ作っていき、話を引き出すように努力していきましょう。親御さんが聞き出すのが難しければ、兄弟姉妹や叔父叔母など、本人が話しやすい人から声をかけてもらえるように頼んでみてください。結婚相談所などプロの人に相談をして、本音で語ってもらい改善のアドバイスをもらうということもおすすめします。

出会いでうまくいかない大きな原因は二つあります。一つはコミュニケーション力です。相手の期待するコミュニケーションに応えていないから、相手からまた会おうと思われないのです。コミュニケーションを良くするためには、「第一印象」が重要になります。第一印象とは、初対面で出会った人をどう思うかということです。婚活の出会いは初対面の人ばかりなので、わが子の第一印象によって出会いがうまくいくかが左右されます。

例えば、わが子が婚活イベントに参加したとします。多くの異性が相手を見てすぐに第一印象を決めて、その印象はイベントが終わる最後まで大きく変わりません。わが子の見た目や態度が、第一印象で「だらしない」と思われ、それが相手に不快感を与えたら、それ以上わが子のことを知ろうとせずにコミュニケーションが進まないのです。私はセミナーで第一印象を野球のストライクゾーンにたとえます。一番印象が良かった相手はど真ん中のストライク、一番印象が悪かった相手は大暴投のボールとします。これを婚活の出会いでも相手を「ストライク」と「ボール」に分けています。たくさんの異性から第一印象が「ストライク」をもらえると出会いが進む確率が高まり、逆に「ボール」が多いと出会いで失敗する確率が高まるのです。

コミュニケーションで重要なのは他に「会話」があります。「第一印象」と「会話」のどちらが大事かというと「第一印象」のほうで、それは、第一印象が「ボール」の相手とは本気で会話をしようとしないからです。よってコミュニケーションがうまくいっていないのなら、まず第一印象は大丈夫かと考えてみてください。

では、第一印象はどこで判断されているでしょうか？　外見や服装、姿勢、態度、表情などの「見た目」です。男性も女性も、まずは見た目でその相手を判断します。見た目がその相手にとって「ストライク」なら、次に中身を見ようとするのです。

出会いで次に進む可能性を高めるには「見た目」を良くすることになります。ただこの見た目を良くするとは、顔が「イケメン」「美人」ということではなく、清潔感などそれ以外の要素で多くの異性に好感を持たれるように変えることができるかどうかということです。婚活の出会いでうまくいっていない方の多くは、ご自身の第一印象が異性から見てあまり良くないことに気付いていません。悪いという自覚があれば、自ら変えているはずです。わが子の第一印象が親から見ても好感が持ちにくいのなら、やさしく指摘してあげましょう。親から指摘しにくいなら第三者から指摘してもらい改善していかないと、同じ理由で何度も出会いに失敗するかもしれないのです。

初対面が短時間で結婚相手候補を考えないといけない婚活の出会いは、自然な出会いよりも、高いコミュニケーション力が要求されます。これまでの自然な出会いでは

ありのままの自分で異性と接していてうまくいっていたとしても、婚活の出会いで同じ感覚でいると失敗することが多くなります。

「第一印象」の次に大事な「会話」ですが、結婚相手を決めるためには相手のことを知らないといけないので、お互いを知るためにはまず会話を必ずしなければなりません。とくに、短時間でお互いのことを知らなければならないため、「会話」が重要です。でもこれまで出会いの場に積極的に行っていなかった人たちの多くは、会話があまり得意ではありません。わが子の結婚を心配する親御さんは、息子さんや娘さんの異性とのコミュニケーション力はある程度ご存知でしょう。「息子は会話が苦手です」と話される親御さんとこれまでたくさんお会いしてきました。

会話ができなくてもそれなりに結婚できたのは親の時代までであり、世話焼きの仲人や会社の上司が出会いを作ってくれて結婚までを後押しをしたので、あまり会話を重視しなくても結婚まで進みやすかったのだと思います。そして結婚適齢期の年齢になれば結婚が当たり前の当時では、自由に恋愛することも自由に相手を決める選択肢も少ないので、相手は会話が苦手であるということを理由に断ることはあまりなかったのではないでしょうか。

でも今は違います。お見合いでも婚活イベントでも、異性と会話ができないと、相手から選ばれる可能性はとても低くなってしまうのです。これが自然な出会いなら、第一印象や会話の印象が多少悪くても、時間をかけて中身を知ってもらえればいいのですが、婚活の出会いはそうではないのです。

出会いでうまくいかない大きな原因のもう一つは、「相手選びを間違えてしまうことです。出会いの場に行って相手と会うことは結婚相手を選ぶことにつながります。30代以降の婚活の出会いなら、これが最後の相手探しかもしれないので、どうしても良い相手を選ぼうとします。独身者と結婚の話をしていると「良い相手なら結婚してもいい」とほとんどの方が言います。これまでの快適な独身生活を捨てて結婚するのなら、良い相手でないと意味がないのです。良い相手でなければ独身のままのほうが良いということで、みんな考えていることは一緒になります。

そんな考えで婚活の出会いに行ったとします。お見合いをする結婚相談所のシステムでは、いろんな条件の異性が登録されています。婚活パーティーなら会場に何十人もの異性がやってきます。この中から結婚相手候補を選べるという状況になれば、ほとんどの方が人気が集中している方を選びます。女性が選ぶなら、年収が高く安定した仕事についている男性を選びます。高身長でイケメンの男性のみを選ぶ女性もいます。もちろん婚活女性全員がそのような相手選びをしているわけではありませんが、結婚相手として人気がある男性を選びたくなるのは当然なことです。結婚相談所の会員に同じ35歳男性で年収６００万円の人と年収３００万円の人がいて、お見合い相手としてどちらを選びますかと聞かれたら、ほとんどの女性は年収の高いほうを選ぶと思います。

では、男性が女性を選ぶとしたらどうでしょうか？　男性は女性以上に人気のある異性を選ぶ方が多いようです。婚活パーティーで最後にカップリング投票があります。この会場にいる異性の中で、また会いたいと思う人を選ぶ投票です。何十人も異性がいると必ず人気が高い人がでてきます。女性の男性選びは多少分散されますが、男性の女性選びは集中します。あるイベントでは一番人気の女性に参加男性の８割が投票することもあるのです。

では男性は女性を何で選んでいるでしょうか？　こういう場では、容姿と年齢という選び方がほとんどであり、趣味やその他の条件はあまり気にしていないようです。容姿と年齢が良ければ、他の条件は多少目をつぶってもいいと考えています。ここまで男性が極端に思っているとは女性たちはあまり感じていないと思われます。

では一番人気の女性を選んだ男性たちは、その女性とカップルになれるでしょうか？　おそらくその女性はこの男性たちから選ぼうとは思っていないでしょう。彼女の希望はもっと高いところにあるからです。自分を選んでくれない人気の高い異性を選び続けて、婚活が結婚まで全く進まない方をこれまで数え切れないほど見てきました。これが自然な出会いなら、彼女のような女性には彼らはなかなか出会えなかったでしょう。自然な出会いでは会うことがなかったのに、婚活の出会いになると出会えてしまうのです。今まで異性の友人にもいなかった、恋人にもなれていなかったタイプの人気がある異性を、婚活の出会いでは「良い相手」だから選んでしまいます。これが「相手選びを間違えてしまう」ということです。医者の友人が一人もいないのに婚活の出会いでは「医者」と結婚しようとする女性、可愛くて若い女性とは自然な出会いで会ったことも話したこともないのに、婚活の出会いでは選んでしまう男性のように、婚活の出会いには落とし穴があります。

婚活最大の落とし穴（相手選びを間違えてしまう）

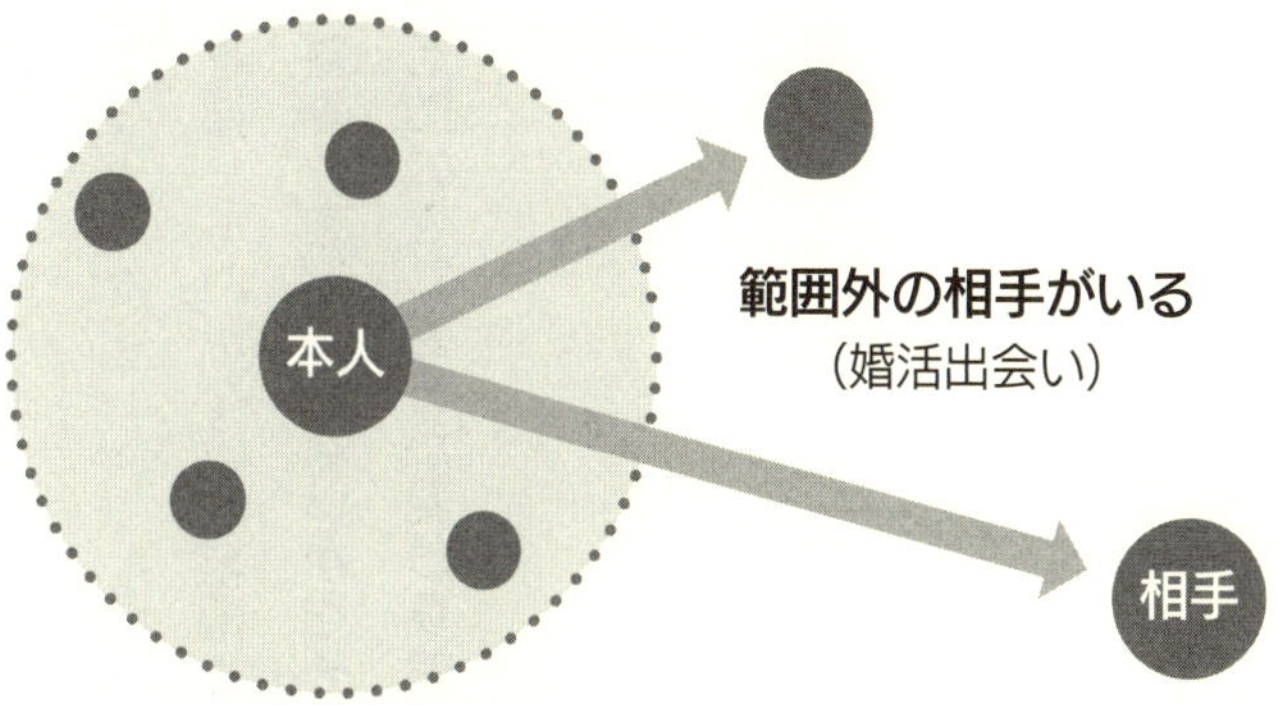

婚活の出会いは、メリットはたくさんありますがデメリットもあります。お見合いや婚活パーティーに参加したらたくさんの異性から良い異性を探すことになり、いま目の前にいる異性よりもっと良い異性と出会えるのではないかと思ってしまい、なかなか相手を決められないのです。このようなことを出会いで続けていたらいつまでも結婚に進まないのではないかということを、誰かが伝えて気づかせてあげないといけません。

自然な出会いでは、ごく自然と自分に近い相手と出会えます。趣味が合う、雰囲気が合う、条件が合う、ライフスタイルが合うといったように、自然とそのような相手とコミュニケーションしていき、恋愛に発展していきます。「良い異性より合う異性」を探していかないと結婚まで進みにくいのです。**親御さんからわが子が出会いで「高望み」をしていないかをそれとなく探っていただいて、お話いただければわが子の婚活にのぞむ姿勢が変わり始めるかもしれません。**

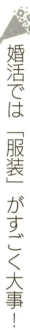

婚活では「服装」がすごく大事！

出会いでとても大事な「第一印象」を良くするためにはどうしたら良いでしょうか？　**お見合いや婚活パーティーでは、初めて会った相手から「見た目」で判断されます。見た目とは、「顔」、「表情」、「体格」、「服装」、「髪型」、「清潔感」、「姿勢」、「態度」など相手から見えるところ全部になります。**わが子の出会いが順調に進んでいるのなら、とくに第一印象を変えなくてもそのままで良いと思います。出会いがうまくいっていないのならぜひ「第一印象」が大丈夫かどうかを親御さんからチェックして改善していきましょう。親から自分の子どもを見ると甘く採点してしまうかもしれませんが、異性の親から見て良い点が取れていないのなら他人である異性からはもっと悪い点がつけられているでしょう。兄弟姉妹ならもっと的確にアドバイスがもらえるはずです。

結婚相手を探すのだから、ありのままの自分を見て欲しい、ありのままの自分で選んでくれないと意味がないという方もいますが、**ありのままで全然選ばれずにどんどん結婚の可能性が低くなるのなら、自分を変えることも必要になります。**全く違う自分に変わるのではなく、見た目だけを少し変えればいいのです。もう何十年も生きているのだから、今さら中身はあまり変えられません。

見た目を変えることでぜひやっていただきたいのが「服装」を変えることです。婚活の出会いでうまくいっていない方へのアドバイスとして、私は必ず「服装」を変えてくださいとお伝えします。出会いの場でうまくいかない方の特徴は、服装が異性から見て「素敵じゃない」確率がとても高いのです。

特に男性の多くは服装に無頓着で、失敗している方は出会いにおける服装の重要性をわかっていません。10代20代である程度は恋愛をしてきた方は、異性とコミュニケーションを取る上で服装が大事なことは経験上わかっています。でもその経験がない方は、これまでずっと服に気を遣わずに過ごしてきました。服装に関心がないから安い服を買って、それをいつまでも着ているから古くなっていきます。そうすると流行遅れだったり、清潔感がなくなっていくのです。これを周りの異性や同性から指摘されたら改善するのですが、その環境もないと、そのまま過ごしていきます。

お見合いにジーンズで行ったり、着ていくスーツのサイズが合っていなかったり、もう何年も前のものだったり、価格も安いので、異性から見ると素敵に見えないのです。そうすると相手は初対面ゆえに、服装が良くないと感じたら、中身もあまり素敵ではないのではと思えてきます。そして「私は服装に気を遣ってあなたと出会っているのに、あなたは私をその服装のような程度だと思っているの。それともこの出会いに真剣ではないのね」と考えるでしょう。「服装ではない、中身が大事だ！」と服装の重要性を認めない方がいますが、中身が大事なのは当たり前です。婚活の出会いは初対面で短時間だから、中身を知る前にどうしても見た目で相手を判断しないといけないのです。

服装の失敗でせっかくの出会いを次につなげられない人も、あえてその服装をしているわけではないと思います。異性と出会うときは、服装に気をつけないといけないことを知らないし、自分の服装が多くの異性にとって好感を持たれていないことを知らないのです。それなら誰かが教えてあげなければいけません。わが子の服装が客観的に見ても良くないのなら親御さんからやさしく指摘してあげましょう。親御さんが服装についてよくわからないのなら、兄弟姉妹でも知人でもわかりそうな人に頼みましょう。

ではどうやって服装を変えていくかですが、とくに難しい専門知識などは必要ありません。まず、今、着ている服装よりワンランク上のブランドの服を新たに買うことです。何年も着ている古い服を着ることはやめましょう。スーツなどのフォーマルも普段着であるカジュアルな服もすべて新しくしてください。服だけでなく、「靴」、「カバン」、「時計」、「メガネ」など身に着けるものすべて新しくしましょう。これで確実に今よりは良く見えます。せっかく新しくするのなら今までよりも服装にお金をかけてみましょう。世の中の商品は、例えば家電製品でも価格が高い方が機能性やデザインなどが良いはずです。服装も同じなのです。あとはどの程度までお金をかけるかになります。

服装が良くなれば今より第一印象が良くなるのに、セミナーでこのことを話してもなかなか実行しない人は、興味のないことにお金をかけたくない人たちです。結婚相手を探そうとする婚活で、自分が人生の中で異性から一番素敵に見えないといけないこの瞬間に、どうしてお金をケチろうとするのでしょう。服装を芸能人のようなレベルまで上げてくださいとは言いません。古いものをやめてすべて新しくして、少しレベルを上げるだけでいいのです。街中で見かけるカッコイイ同性や可愛い同性の服装の良いところを真似るのです。自分にはできないと思わず、まず良いものを取り入れてみましょう。**私が服装にこだわるのは、服装を新しくランクアップさせて出会いで結果が出始めた人をこれまでたくさん見てきているからです。**

男性だけでなく女性でも服装やメイクを変えて、うまくいった方がたくさんいます。

変える前は、こんなに効果があるとは思わずに皆さん半信半疑でしたので、驚かれています。これは服装を変えた人しかわかりません。**服装を新しくランクアップするメリットは、相手からの第一印象を上げるだけでなく、自分に「自信」がつくことです。これが大きいのです。これまでとは異性からの反応が違うため、コミュニケーションにも自信がつき、振る舞いにも余裕が出てきます。そうすると「会話」でもプラスの相乗効果があらわれるのです。**もちろん服装を良くしたら誰でも結婚できるわけではありません

が、相手からの印象が良くなることは間違いありません。また、身だしなみとして「髪型」、「フケ」、「寝ぐせ」、「鼻毛」に気をつけ、「爪」、「手」、「靴」などに清潔感があるかどうかも気をつけてください。ここは自分ではなかなか気づかないところなので、親御さんから指摘してあげましょう。出会いの場に行く前には必ず鏡を見ることもお伝えください。

人生が決まるその「写真」はベストですか？

親御さんがわが子の出会いを増やすために親の代理お見合い会に参加したり、知り合いに紹介を頼んだりする時に必要になってくるのが「身上書」と「写真」です。わが子とお見合いをする相手は会うかどうかを、この二つを見て判断します。

身上書は、親御さんの時代から形式は大きく変わっていませんが、家族の情報よりも本人についての記載が昔より多くなっています。わが子の年収や趣味など本人に聞かないとわからないものがあるため、やはり本人の承諾なしに勝手に作成するのではなく、わが子にも前向きに取り組んでもらえるように本人との話し合いが必要になります。**身上書の記載内容である年齢などの条件は変えることができないものが多いですが、写真は工夫次第で良くすることができます。**しかも写真は相手が会うかどうかを決める時の大きな判断材料になるのです。

私はこれまで結婚相談所に登録している多くの方々の写真を見てきました。残念ながら写真の重要性に気づいていない方がたくさんいます。**お見合いで会いたい相手を選ぶ時、誰もがまず相手の写真を見ます。写真を見てその人に興味が湧かなければ、細かい条件などを見ようとは思いません。**まず条件から選んだとしても、写真で決めることが多いでしょう。同じくらいの条件の異性が二人いてどちらかを選ぶとしたら、写真の印象で選びます。写真からはその人の容姿だけでなく、性格やライフスタイルも読み取れるのです。身上書のコメント欄に例えば「性格は明るい」と書いても、写真の姿が暗そうな雰囲気だったら、こちらを信じてしまうでしょう。

このようにお見合いができるかどうかのポイントとなる写真なので、本気で婚活をしている方は、写真スタジオで費用をかけて撮ります。一方そこまで考えない方は、家にあるありきたりの写真を使います。お金と手間をかけてまでいい写真にしようとは思っていないのでしょう。

写真スタジオでお見合い用にプロに撮ってもらっても、スナップ写真でも私はどちらでも良いと思います。要はその写真が出会いを増やすために、その人にとってベストの写真であるかどうかが大事なのです。写真スタジオで撮るといかにもという感じがしてかたく見えるので、家族写真や友人とのスナップ写真の方が人柄は良くわかるかもしれません。でも写真スタジオで撮ったほうが婚活の本気度が伝わってくるし、やはりプロは笑顔を引き出してくれて素敵に撮ってくれます。

人生がかかっている写真をただ面倒だからと適当にあるもので済ませたり、デジカメでたった数枚撮った中から選んだりして、ベストの写真を撮らないことが出会いの可能性を狭めていることに気づいていただきたいのです。「この程度でいいか」ではなく、納得がいくまで何度でも撮り直しましょう。最近は、写真スタジオが婚活用メニューを用意しているので多くの方が写真スタジオを利用しています。ベストの写真が撮れるように写真スタジオに行く前には、素敵に見える服装を準備しておいてください。そして笑顔がすぐ作れるように顔の筋肉（表情筋）を動かして笑顔の練習もし

ておきましょう。
　親御さんからよくわが子が写真を撮らせてくれないという悩みを聞きます。写真の前に、婚活に本気になってもらうための話し合いと説得をするべきです。嫌々撮られた表情の写真では、出会いは広がりません。せっかく親御さんも協力するのですから、まず相手が会いたくなる写真を撮るようにわが子と何度でも話し合いましょう。
　結婚相談所に入会すると必ず写真が必要になります。ベストの写真が撮れるように担当者と相談して、わが子が消極的ならプロから写真の重要性を説得してもらいましょう。写真は何でもいいという結婚相談所は注意してください。写真によってお見合いの可能性が違ってくることを知っているのに、そのように対応することは単に入会さえしてくれたら良いという考えかもしれません。

コミュニケーション力を努力で変える！

出会いでうまくいかない大きな原因の一つである「コミュニケーション力」ですが、努力次第で変えられる部分はたくさんあります。一番大事な第一印象の服装は一日で変えることができ、体格が太りすぎなら痩せるように変えていけば出会いの可能性は広がります。**ありのままの自分で出会いをしてもうまくいかないなら、自分を変える努力が必要でしょう。**

　変化することはエネルギーがいるので、ありのままの自分でいるほうが楽かもしれません。でも、ありのままの自分というのは、努力しない自分になっていないでしょうか。**婚活は、結婚という人生の節目に向けての大切な活動です。出会いで成功するためには何でもするという前向きさがあれば、きっと結婚が近づいてきます。**親御さんからわが子が自分を変えるために努力するように助言したり、見守ってたまに声をかけたりしていただきたいです。

私の婚活セミナーに来られる独身者は、会話が苦手な方が多いです。全くしゃべれないというわけではなく、日常生活や仕事の会話ではさほど困らないのですが、恋愛を意識した異性との会話に苦手意識があるようです。自然な出会いなら多少会話が苦手でも、他の魅力があればカバーできる時間と機会があり、結婚に発展もするでしょう。

一方、婚活の出会いは初対面の異性と短時間で会話しないといけないので、会話が苦手で何を話していいかわからないのでは、自分のことを伝えられないまま出会いが終わってしまいます。わが子の結婚を心配する親御さんの場合、わが子はあまり会話が得意でないというケースがたくさんあります。苦手な会話を克服するためには、まず本人が自分の会話レベルが高くないことを自覚することが必要であり、そして、自分の会話を何とかしたいと強く思う必要があります。

「自分は会話が苦手です」という方がいて、婚活を始めて5年が経ちました。「会話が上手になるように何か努力されていますか？」と聞いてもとくに何もしていないとのことです。会話が苦手という自覚はあるけれど、直そうという努力をしていません。5年間も婚活がうまくいかない原因を放置していることになります。

会話はスポーツと同じように練習した分だけレベルアップしていきます。スポーツが上手な人は、子どもの頃から取り組んできて、練習量がかなり多いです。会話も同様に子どもの頃からたくさん話してきた人は上手でしょう。そして今までずっとたくさんの人と話をしています。一方、会話が苦手な人は、会話を避けようとします。日頃、会話の練習ができていないから全然うまくならないのです。婚活の出会いでうまくいかないのは会話に問題があるからだと少しでも感じたら、すぐに対策を立てましょう。スポーツのように今から練習して少しでもレベルアップするべきです。

まずやるべきことは、会話術などをテーマにした書籍を数冊購入してそれを熟読することです。できれば恋愛や婚活関連の会話本が良いでしょう。今まで自分が交わしてきた会話とどう違うかをよく考えます。次に書籍から学んだ会話のポイントを意識しながら日常の会話で実践していきます。親御さんや家族との会話、友人や仕事関係の会話の中で少しずつ実践していきます。そして日常会話と並行して、婚活イベントで異性とたくさん会話をすることです。書籍を読むだけではなく、実践していかないとうまくならないのはスポーツと同じなのです。**会話が少しずつ改善されていくと、出会いでも成果が出てきます。努力する前向きな姿勢が婚活の出会いで相手に伝わっていくからです。**

これまで、出会いのためにコミュニケーション能力を高める努力をした方とたくさん会ってきました。皆さん本気で努力されます。ある男性は、表情がかたいことに悩まれていました。会話の時、表情が豊かでないと相手に自分の気持ちが伝わりにくいものです。会話においては言葉だけでなく表情でも相手のことを読み取っています。また表情がかたい人は笑顔になることがあまりありません。初対面で笑顔がないと会話している相手は心を開きにくくなり、相手との距離は縮まりません。この男性は、表情を柔らかくするため「表情筋トレーニング」を毎日行いました。表情は筋肉だから、腹筋などの他の筋肉のように鍛えれば成果が確実に得られます。トレーニングの方法はインターネットで検索すれば、いろいろと出てきます。このようなトレーニングはだいたい数日でやめてしまう方が多いのですが、この男性は半年以上欠かさず続けました。すると表情がだんだん柔らかくなるのが実感できるまでになったのです。本気で努力すると結果は必ず出てきます。

ある女性は女子高出身で短大も女子ばかり、社会人になって職場も女性が多く、日常生活でもあまり男性と話す機会がなく、男性との会話に苦手意識がありました。これでは苦手を克服できないと思い、婚活関連の書籍を読み、婚活パーティーに何度も参加しました。最初は緊張しますが、慣れてくるとどのように会話を交わしたら男性が反応してくるかが少しずつわかってきたそうです。女性で日常に男性と出会う機会が少ない方は、同じ立場の女性同士が友人となり休日も一緒に過ごす仲間になってしまうので、男性とコミュニケーションする機会がさらに少なくなります。男性との出会いを意識的に自ら求めていかないとどんどん結婚から遠ざかってしまうのです。

コミュニケーションが苦手でも結婚している方はたくさんおられます。苦手でも相手と向き合って、お互いが良ければ結婚に進みます。結婚しなくても独りでも生きていけると思えてしまう世の中だから、コミュニケーションを避けようとするし、良くしようと努力する人はあまりいません。婚活を行っている方の中にもありのままの自分でよしとして努力をしないで、異性に対してはより良い条件を求める方が多くいます。**だからこそ、コミュニケーションを良くしようと努力される方や本気で取り組んでいる方は、努力されない方に勝てるのだと思います。**わが子はコミュニケーションが苦手で、婚活をしてもなかなかうまくいかなくて出会いをあきらめてしまうことがあったら、親御さんからコミュニケーション能力アップのためのアドバイスを積極的にしていきましょう。

6章の POINT

- お子さんの出会いの場で大切なのは「コミュニケーション力」。第一印象と会話に気を付ける
- 相手にあまり高望みしない
- 服装を変えると、婚活がうまくいく
- 身上書の写真は、「相手が会いたくなる」ものを
- 会話も、トレーニングで上手になる

あとがき

わが子のことを本気で考えるのは親しかいない

わが子が結婚するためには、必ずどこかで異性と出会わなければなりません。10代や20代と違い、30代以降は待っていても自然な出会いは起こりません。20代までに結婚へ至らなかったのですから、今後何もせずに結婚につながる新たな出会いは期待できないのです。ほとんどが20代までに結婚した親御さんの時代とくらべて、恋愛や結婚に対する状況が大きく変わり、30代以降で結婚していない人がどんどん増えてきました。そして、結婚相手を自ら積極的に探すための活動、「婚活」という言葉が誕生したのです。30代以降は婚活しないと結婚に進まない可能性が高いという認識が必要になってきました。

では、結婚していない30代以上の方々は積極的に婚活をしているのかといえば、そうではありません。婚活をするのは「恥ずかしい」、「出会いに困って結婚を焦っているように見える」など、マイナスイメージを持って婚活を避けています。日常で出会いがたくさんあるのなら、婚活をする必要は全くありません。日常で出会いがないのに、出会いを積極的に行わないと、結婚していなくても困らない世の中、独りでも生きていけるのではと思わせる時流に流されて、今後の人生において結婚を真剣に考えることをしなくなっていくのです。

婚活の出会いに動き出す人は、残りの人生をどうやって生きるか、誰と一緒に生きていくかの「ライフデザイン」を意識しています。親が元気なうちは時間とお金を自由に使える快適な独身生活を満喫できますが、数年先は親が年老いて介護が必要になったり、その先自分も年老いたら誰がそばにいてくれるでしょうか？　この自由な独身生活は1年2年先ではあまり変化はありませんが、5年10年となるとどうでしょうか？「なんとかなる」ではなく、今こそ真剣にこの先をどうするかのライフデザインを考えましょう。わが子が日頃仕事に忙しくて先のことまで考えられない状態なら、親御さんから考えるきっかけを作らないといけないと思います。わが子より長い人生経験を積んでいる親御さんだからこそ伝えられることがあるのです。わが子がライフデザインを真剣に考えると、結婚の必要性に気づくかもしれません。

人生において結婚するかしないかは本人の自由です。結婚したら良いことも悪いこともあります。結婚で失敗する人もたくさんいます。それでも一度きりの人生で結婚を目指すべきだと親御さんが考えるのであれば、今、本気でわが子に伝えるべきです。他人は何もしてくれません。結婚に進まないわが子を動かせるのは、わが子のことを誰よりも本気で考えられるのは、親御さんしかいないのです。

２０１６年６月　大橋清朗

大橋清朗（おおはし・きよはる）

NPO法人花婿学校代表。一般社団法人日本婚活コミュニケーション協会代表理事。婚活セミナー講師。「婚活」という言葉が誕生する前から結婚活動を約13年間支援しており、これまで700回以上の婚活セミナー講師を全国の自治体などで務めている。未婚男性だけでなく、未婚女性、未婚の子を持つ親たち、結婚相談員対象にも講座を行い、結婚を目指す多くの方々をサポートしている。多くのマスコミに取材され、TV番組「ガイアの夜明け」、「ホンマでっか！？TV」などにも登場。著書に『また会いたくなる人 婚活のためのモテ講座』（講談社）『「婚活」の会話にはツボがある！男のための話し方トレーニング』（青春出版社）など。

NPO法人花婿学校　http://www.hanamuko.com/

365日、玄米で認知症予防

脳がよろこぶ、玄米・魚・野菜

芦刈伊世子

定価=本体1400 円+税

認知症になってからでは遅い。今から始めれば、認知症は予防できる! 「究極の栄養食」玄米をおいしく食べて、脳を元気に。認知症を遠ざける生活習慣の手引書。「食養」で今すぐ予防!「食養教室」を主宰する著者が、玄米を主食とした認知症予防のための食事について解説し、簡単に作れて栄養バランスにすぐれたレシピを紹介する。

わが子の結婚のために親ができること
——親御さんのための婚活本

2016年7月27日［初版第1刷発行］

著者　大橋清朗

発行者　藤木健太郎

発行所　清流出版株式会社
東京都千代田区神田神保町3-7-1　〒101-0051
電話 03(3288)5405
ホームページ http://www.seiryupub.co.jp/
編集担当 秋篠貴子

ブックデザイン　松永大輔
イラスト　丸橋加奈（熊アート）
取材協力　「良縁の会」プロジェクト
ひまわり交流会
本庄市社会福祉協議会（埼玉県）

印刷・製本　大日本印刷株式会社

この本に記載されているデータや団体に関する情報は、2016年6月現在のものです。

乱丁・落丁本はお取り替え致します。

ISBN 978-4-86029-449-6